NOTES

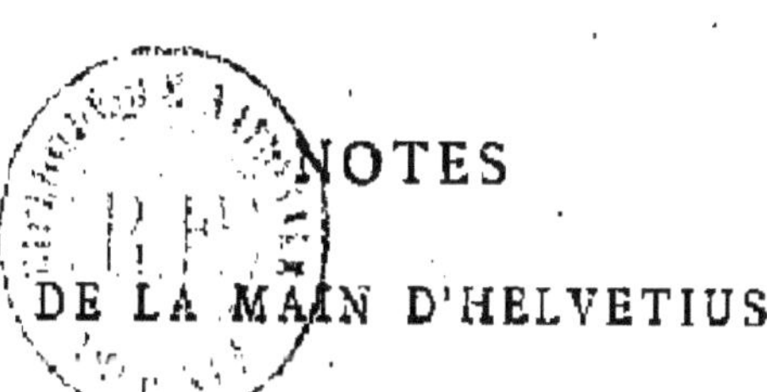

DE LA MAIN D'HELVETIUS

jugemens

il faut chois comparaison plus de douze fois
plus d'esprit pour rendre sept ses idées que pour
les savoir (car ils sont foubles hommes qui observeur
font d'efports pour avoir de certaines idées ou en trouver
les miniatures que meme ne les ont pas) tous ce qu'est
prouvé par la quantité de gens qui paffent pour
avoir de l'esprit et qui font de si mauvais ouvrages

faire petites sur le tete d'amour propre appliquer tous les cas
possibles ou moral avec cela necessaire
montrer par l'indissinement des choses physique l'en dississement
ce qu'ils de dues morale qui n'avoir les poins dans ce physique
donner un plan des etats projettes calculer les probabilités pour
en boudeter des honeurs

NOTES.

DE

LA MAIN. D'HELVETIUS.

PUBLIÉES D'APRÈS UN MANUSCRIT INÉDIT

AVEC UNE INTRODUCTION ET DES COMMENTAIRES

PAR

ALBERT KEIM.

PARIS

FÉLIX ALCAN, ÉDITEUR

LIBRAIRIES FÉLIX ALCAN ET GUILLAUMIN RÉUNIES

108, BOULEVARD SAINT-GERMAIN, 108

1907

Ces Notes de la main d'Helvetius appartiennent aux archives du château de Lumigny, l'une des deux propriétés [1] de Claude-Adrien Helvetius (1715-1771), fils du médecin de Marie-Leczinska, fermier-général (1738-1751), maître d'hôtel de la Reine (1749-1759), auteur du célèbre livre de l'Esprit, condamné par l'Eglise et le Parlement, du Bonheur et du traité de l'Homme, œuvres posthumes (1772).

Le château de Lumigny (Seine-et-Marne) et une partie de ses vastes domaines sont maintenant la propriété d'un descendant d'Helvetius, M. le Mis Adrien de Mun [2]. C'est avec une exquise obligeance, une rare et parfaite gracieuseté que Mme la M^{se} de Mun a bien voulu me confier en son nom ce manuscrit curieux et précieux. Je tiens encore à leur exprimer ici, tout particulièrement, ma profonde reconnaissance, ainsi qu'à M. le Cte Albert de Mun, de l'Académie Française, et'à M. le Cte Gabriel de Mun qui ont beaucoup favorisé mes recherches.

Ce manuscrit in-4°, relié simplement en carton rose, porte au dos : Manuscrit Helvetius [3]. Quoique jauni en certains endroits, le papier très solide a bien résisté au temps.

À la première page, on lit : notes de la main d'Helvetius. S'agit-il, comme on peut le croire, des notes du livre de l'Esprit ? Non. Cette opinion n'est pas fondée, on s'en aperçoit tout de suite. Mais l'écri-

---

1. L'autre était à Voré, près de Regmalard, dans le Perche. — V mon ouvrage sur *Helvetius, Sa Vie et son Œuvre*, Paris, F. Alcan, ch. xir, p. 191 : Les Retraites d'Helvetius.

2. L'aînée des filles d'Helvetius épousa, peu après sa mort, le Cte de Mun. Elle hérita de l'hôtel du philosophe rue Ste Anne et de Lumigny.

3. La reliure n'est, d'ailleurs, pas de l'époque. — La première page où se trouve le titre que j'ai adopté a dû être ajoutée.

.ture que j'ai comparée avec celle de divers fac-simile, des nombreux documents conservés à Voré, des lettres relatives à l'espèce de mission diplomatique dont Frédéric le chargea pendant son séjour en Prusse, etc... [1] est incontestablement l'écriture du philosophe.

La seconde page porte en titre : Recueil. Les deux suivantes sont consacrées à une sorte de table des matières d'apparence assez singulière, mais ingénieuse. Elles contiennent chacune dix petits rectangles en marge desquels il y a une lettre [2] et, à l'intérieur, les cinq voyelles.

Les Notes sont donc, comme on peut s'en rendre compte après examen, classées par ordre de voyelles. En effet, voici, par exemple, la case M.

	a	124
	e	66
M	i	
	o	86
	u	106

Voyons la page 124 du manuscrit. Nous lisons : Il faut se consoler dans le *mal*heur. Plus bas : *mat*ière de feu... *math*ematicien. — A la page 66, nous trouvons : *me*rite. *me*chanceté. *me*cene. *me*tal. Etc., etc.

Dans ce classement original et approximatif, l'auteur ne tient pas compte des consonnes, sauf des consonnes initiales. Ex. :

A o 26.

A la page 26 du manuscrit, il y a : *a*mour-propre, *a*nglois, *ha*rmonie... De même G a 68 : *gra*ndeur, *grâ*ces, *gla*diateurs, etc.

Les pages, encadrées au crayon, qui sont au nombre de 211, recto et verso, sont marquées jusqu'à la 200e [3], mais, après la 180e,

---

1. V. sur ces documents inédits : *Helvétius, Sa Vie et son Œuvre,* chap. XVIII et l'Appendice I.

2. Les lettres de l'alphabet qui ne s'y trouvent pas sont : j. k. u. y.

3. Le manuscrit a exactement 211 pages. A la dernière, à moitié effacé : liste de mes... (?)

on ne trouve plus de texte et il en est, avant celle-ci, qui ne sont pas remplies ou même blanches.

Les notes sont séparées par de petits traits. Certaines sont barrées. On remarque, dans la marge, de temps à autre, des croix au crayon ou à l'encre, les signes b. m.

*
* *

Nous savons qu'Helvetius, comme d'autres écrivains de ce temps et, en particulier, comme Montesquieu, prenait volontiers des notes [1]. Il préconisait cette « chasse aux idées » qu'il devait poursuivre, pendant toute sa vie, soit dans son salon de la rue Ste Anne, soit dans ses retraites à la campagne, parmi les hommes et les livres.

Les œuvres complètes d'Helvetius publiées par son ami Lefebvre-La Roche, légataire de ses manuscrits, contiennent des *Pensées et Réflexions, extraites des manuscrits de l'auteur* [2], dont Lemontey [3] a très justement signalé l'importance et la valeur. Elle sont bien l'œuvre de l'auteur de l'Esprit, et l'Esprit y est cité. Et même, sans compter quelques commentaires sur Montesquieu et l'Esprit des Lois [4], on y saisit le plus souvent l'inspiration politique, pratique, utilitaire de *l'Homme*. De plus en plus, vers la fin de sa vie, Helvetius songeait aux réformes directes et positives, nécessaires à la santé des états. Assurément, ces Pensées et Réflexions sont une œuvre de pleine maturité.

Les *Notes de la main d'Helvetius* ne portent pas de date, mais on peut affirmer qu'elles sont d'une époque bien antérieure au livre de l'Esprit. N'oublions pas qu'Helvetius le publia seulement à l'âge de quarante-trois ans après une dizaine d'années d'efforts [5]. Il paraît

1. Pendant son voyage en Angleterre, il écrivait le soir des notes (*Correspondance avec Mme Helvetius* conservée au Château de Voré).

2. *Œuvres d'Helvetius*, Didot, t. XIV, p. 113 et suiv.

3. *Notice sur Helvetius.*

4. Lefebvre La Roche a donné une édition de *l'Esprit des Lois*, avec les Commentaires d'Helvetius plusieurs fois reproduits.

5. Témoignages de St Lambert, Grimm, Chastellux, Diderot, etc...

même très probable qu'elles précèdent l'époque de la préparation directe à ce gros in-4°, dont le scandale fut énorme. Selon toute vraisemblance, elles appartiennent à cette période de la vie d'Helvetius (1738-1748) où il se cherche et se trouve.

En effet, nous sommes bien en présence du poète philosophe qui confiait ses premières ébauches à Voltaire. Précisément, il consigne, dans ces Notes, un projet d'épître à Voltaire et les thèmes généraux de ses premières dissertations en vers ; on y reconnaît sans peine les conceptions les plus importantes et jusqu'à certaines expressions de l'Épître sur l'Amour de l'Etude, de l'Epître sur l'Orgueil et la Paresse de l'Esprit, du 1er Chant du Bonheur, etc... Or, nous savons qu'Helvetius abandonna assez tôt la poésie pour se livrer tout entier à ses travaux philosophiques [1]. Les Notes de la main d'Helvetius portent des traces évidentes de ses préoccupations poétiques. Il mentionne un sujet de tragédie, il réfléchit sur le genre épique, il formule un idéal de poésie philosophique. Par exemple : « On n'a point d'idée de la poésie, elle consiste dans la vive, forte ou gracieuse image d'une vérité dite avec harmonie et énergie » et ailleurs : « Que mon vers soit chargé de pensée », etc...

Les Notes nous mettent donc en rapport direct avec un auteur déjà formé, malgré son goût juvénile pour les métaphores et les redondances, qui accumule les idées, les observations, les matériaux les plus variés pour s'en servir à l'occasion. J'ai étudié ces Notes dans *Helvetius, Sa Vie et son Œuvre* [2], en montrant qu'elles sont des plus utiles à connaître si l'on tient à interpréter équitablement sa doctrine et sa manière. Elles nous révèlent, en effet, un encyclo-

---

1. Dans sa dernière lettre à Voltaire datée de quelques mois avant sa mort, Helvetius disait qu'il avait cessé de travailler à son livre de l'Homme et voulait reprendre son poème du Bonheur, auquel, d'après l'avertissement qui précède sa correspondance (Didot, t. XIII, p. 130), « il avait renoncé dès l'âge de 25 ans pour se livrer tout entier à la philosophie ». En réalité, dans sa lettre à Voltaire (15 oct. 1771, t. XIV, p. 10), Helvetius écrivait : « J'ai repris le goût des vers pour lesquels vous m'aviez si fort passionné il y a vingt-cinq ans, et plus. » D'après Grimm, Helvetius lisait son poème du *Bonheur* en 1753.

2. Chap. IX, p. 131 à 148.

pédiste, un poète galant et fort voluptueux, et, en même temps, un moraliste audacieux, subtil et robuste qui s'oriente progressivement vers les conceptions politiques. Il passera peu à peu de l'idée du plaisir, de l'égoïsme et du bonheur à celle du bonheur universel et de la justice. Dans ce mémorandum de faits empruntés à l'histoire ancienne, à diverses civilisations, dans ce journal impersonnel d'un amant qui s'applique à peindre la passion et ses effets, on découvre, avec son désir constant et violent de n'être pas dupe des apparences, de professer hautement la vérité, le futur philosophe de l'Esprit et de l'Homme qui s'appliquera à formuler une physique générale des mœurs utile aux individus et aux états. C'est ainsi qu'Helvetius note, dans ce recueil, les projets suivants qu'il réalisera plus ou moins : « Idée à remplir [1] que les loix, les mœurs des peuples dépendent des causes phisiques traité de demontrer par l'histoire... sçavoir pour cela s'il y a une histoire universelle des mœurs et des situations des pais...» — « l'esprit est propre a tout dans la meme proportion ou il est propre a une chose partir de l'idée que tout vient par les sens » — « Faire des lettres sous le titre d'amour propre expliquer tous les cas possibles de morale avec cela » — « Donner un plan des états possibles calculer les probabilités pour le bonheur des hommes» etc... Voilà les idées fondamentales d'Helvetius.

Le psychologue réaliste et cruel de l'hypocrisie politique et religieuse se manifeste aussi, dès les Notes, et nettement, avec sa haine du fanatisme et du despotisme.

Grâce à ces *Notes,* dépourvues de l'appareil littéraire, des déductions systématiques et des digressions complexes, on comprend d'où Helvetius part et où il veut aboutir. On y constate son admiration, fertile en images téméraires, pour Newton et surtout pour Locke (celle des épîtres). On le voit lire des textes variés.

Observons que s'il parle fréquemment de Locke et cite Hobbes, il ne fait allusion à aucun de ses contemporains, sauf à Voltaire [2].

---

1. Helvetius tenait sans doute particulièrement à cette idée. Dans la table des matières, devant la lettre I et l'indication de la page où se trouve la note, on lit : Idée à remplir.

2. Il importe de remarquer, en s'appuyant sur ces notes, et contraire-

En outre, il formule, avec beaucoup de clarté et d'une manière définitive, en quelque sorte, sous cette forme, ses impressions, ses fortes et pénétrantes réflexions, relatives à l'homme et à la société.

*
* *

*
* *

Je me proposais d'abord de faire un choix de ces notes en négligeant les citations, les phrases jetées ça et là, intéressantes pour l'écrivain lui-même et non pour le lecteur, les textes obscurs, etc... en me bornant à reproduire les pensées ou les esquisses les plus curieuses, les plus profondes ou pittoresques. Et il y aurait sans doute un exquis et terrible livre de pensées à extraire de ces notes et de l'œuvre entière d'Helvetius, d'un homme qui fut compris et estimé à sa réelle valeur non seulement par un Bentham, un Beccaria, mais encore par un Stendhal ou un Schopenhauer.

M. Boutroux, que j'ai tenu à consulter sur ce point et dont l'autorité en matière d'histoire de la philosophie est indiscutable, m'a engagé à publier le manuscrit tel qu'il se présente [1]. On évite ainsi le parti pris. Au lecteur de choisir, de faire le tri nécessaire, puisque ces notes sont une sorte de sketch-book philosophique contenant, tour à tour, des impressions, des commentaires, des exercices de style et de pensée, des maximes, des indications de développements, des notations concises, etc...

Voici donc, intégralement, le texte d'Helvetius [2]. On verra que ce très consciencieux et scrupuleux écrivain se montre plus soucieux de l'idée et de l'expression, souvent énergique, saisissante, colorée, que de l'orthographe (la question de l'orthographe était alors toute résolue !), de l'accentuation, de la ponctuation, du genre et du nombre.

ment à certaines assertions, qu'Helvetius, psychologue sensualiste et politique, n'est parti ni de Condillac, ni de Montesquieu.

1. J'ai profité aussi des excellents avis de M. V. Delbos.

2. Beaucoup de ces notes ont été jetées rapidement sur le papier. D'où les répétitions, les phrases qui commencent par le singulier et finissent par le pluriel. Quelques mots sont illisibles ou d'un sens fort douteux, etc...

Une question délicate se posait. Ces textes si divers appartiennent-ils bien tous à Helvetius ? Nous remarquerons qu'aux citations évidentes, aux extraits se joint fréquemment l'indication de l'auteur, de l'ouvrage. Quant aux pensées proprement dites, elles présentent, en général, des ratures, des additions, des corrections de toute espèce qui témoignent, d'une façon incontestable, de la recherche personnelle. Prenons plusieurs exemples de genres différents : *Amazones ces terribles et aimables guerriers qui par la puissance de leur armes ou de leur yeux vainquoient leur ennemis...* ensuite on lit : *a mettre en* qui est barré, puis : *ainsy la Vérité par sa force ou sa beauté triomphe des cœurs indociles.* L'auteur, le poète a d'abord trouvé la comparaison et il la note pour ne pas l'oublier. — *Les charmes d'une maitresse* (on lit d'abord *les yeux* barré) *meme absente assiege vos yeux sa voix assiege vos oreilles tout sert d'aliment a l'amour pour l'etendre et l'accroitre l'amour qui demandoit...* On lit entre deux lignes au-dessus d'*amour* : *ce don du ciel*, etc... — *Les bons esprits sont* (dans *l'harmonie* : dans *l'harmonie* barré) *comme* (dans *un concert* : dans *un concert* barré) *une belle voix seroit dans un concert*, etc... — *Public son jugement est* (ajouté sur la ligne : *pendant la vie d'un auteur*) *une onde agitée qui monte qui baisse mais cependant* (ajouté sur la ligne : *a la fin*) *qui attrappe son calme.* — *Dieu veut que nous soions dans l'erreur et l'ignorance de certaines choses puisque nous ne les comprenons pas* (de barré) *pour toutes les choses qui nous sont nécessaires* (*a la vie* ajouté sur la ligne) *Dieu les a imprimé dans les esprits les plus vils comme* (dans ajouté) *les plus relevés*, etc..., etc...

J'ai tenu à signaler, dans un certain nombre de cas, ces additions, ces ratures, ces corrections de manière à laisser au texte, autant que possible, sa véritable physionomie. Je me suis efforcé de mettre en lumière les passages les plus saillants, les plus caractéristiques, les plus susceptibles de nous renseigner sur l'âpre analyse du moraliste et la tentative généreuse du philosophe politique.

Moraliste, Helvetius qui avait des dons puissants d'observation et de méditation est de l'école de Montaigne, de La Rochefoucauld, de La Bruyère et, avec sa faculté brutale de saisir le réel et de le décomposer, il garde son entière personnalité. Philosophe politique, obsédé par l'idée de créer une science exacte et profitable des mœurs, il s'est heurté à toute sorte de mécomptes. C'était une étrange ambition, vers le milieu du dix-huitième siècle, de vouloir créer une « sociologie ». Avec ses vues souvent paradoxales ou systématiques, mais souvent aussi très larges et très hardies, Helvetius a travaillé à bâtir la cité moderne sur des fondements solides, c'est-à-dire sur une connaissance réelle de l'homme, de ses penchants naturels et des grands moteurs sociaux, sur la législation et l'éducatio

Malgré défauts, ses erreurs, Helvetius, le théoricien de l'amour-propre et des passions, le créateur de l'utilitarisme en France, l'éloquent et sarcastique orateur des vérités qui ont fleuri et s'épanouissent magnifiquement sur la terre, mérite d'être remis à sa place parmi les penseurs et les citoyens dont notre démocratie doit s'honorer si elle ne veut point méconnaître ses propres efforts.

En publiant les *Notes de la main d'Helvetius*, j'ai conscience de rendre un légitime hommage à la mémoire d'un auteur méconnu et de contribuer à sa réhabilitation nécessaire.

---

1. Helvetius s'efforce de démontrer, dans l'*Esprit* et dans l'*Homme*, que nous sommes différents à cause de l'éducation, des influences multiples et variables que nous subissons. Pour transformer les hommes qui, somme toute, ont les mêmes besoins lorsqu'ils sont communément bien organisés, il importe donc de transformer les lois, le gouvernement, l'instruction.

Préjugés [1]. Sont a l'esprit ce que les ministres sont aux Rois ceuxcy défendent a leur concurrents l'approches des Rois et de même les prejugés empechent les verités de parvenir jusqu'a leur esprits de peur de perdre l'empire qu'ils usurpent sur luy

Les prejugés bouchent a la raison les avenues du cœur

Si la vertu ne devient passion [2] nous ne la pratiquons pas nous ne faisons jamais qu'essaier de la pratiquer avec quelque rapidité qu'un vent passe sous la ligne il se charge toujours de quelques parties de feu

avec quel soin qu'on evite les prejugés l'ame reste toujours chargée de quelqu'uns [3].

plus on a bandé un ressort plus il s'echape avec violence

1. Helvetius est, avant tout, un « philosophe » du xviiie siècle, c'est-à-dire un écrivain politique. Il constate les maux de la monarchie, à son époque, et cherche les remèdes. Plus tard, l'auteur de ces *Notes*, dans l'*Esprit* et surtout dans le traité de l'*Homme*, ouvrage posthume, préconisera des réformes pratiques. Mais pour qu'elles soient possibles, il faut d'abord réformer les esprits, les débarrasser des préjugés, des erreurs.

2. N'oublions pas qu'Helvetius, disciple de Locke, s'efforce de considérer l'homme tel qu'il est. La morale, ou plutôt l'art de vivre, et de vivre en société, lui apparaît comme une science. La passion est donnée. On ne peut la négliger. Si l'on fait abstraction des passions, on construit des systèmes sans valeur positive, sans utilité.

3. La ligne, c'est-à-dire, sans doute, l'Equateur. Il faut lire, naturellement : *avec quelque soin, chargée de quelques-uns.* Je ne multiplierai pas les observations grammaticales en laissant au lecteur le soin de compléter, de rectifier, en bien des cas.

plus on a resserré un **bon** esprit par les liens des préjugés plus quand il commence a s'en dégager il s'éloigne d'eux c'est une poutre qui s'eleve de l'eau a proportion qu'on la enfoncé [1].

L'envie mere des crimes et le bourreau de ses favoris ainsy les geants que la terre produisit pour escalader les cieux mère affligée [elle] se voit aujourdhuy l'instrument de leur suplice elle ecrase sous sa pesanteur et les tient enfermé dans ses entrailles de feu [2]

L'envie honore les morts pour insulter les vivans.

mais malgré elle. Pline veut qu'on sache qu'il a vecu.

Europe. Sa blancheur étoit si grande que les anciens disoient qu'une des filles de Junon lui avoit derobé son pot de fard pour le donner a Europe

L'envie [3] compte les defauts et non pas les vertus et ne voit les hommes que par leur aspect moins favorable

chez le vulgaire le prejugé nous eleve et nous abbat. L'homme sage et esclave doit il donc attendre sa gloire et son bonheur du prejugé

Quand un sot est en place on le traite de genie [4] ainsy quand un tronc d'arbre faconné en Dieu est mis sur l'autel on oublie

---

1. Sur la marge du manuscrit, on lit *b* et, au dessous, *m*. — Ces comparaisons multipliées sont souvent loin d'être heureuses. Dans ces notes, Helvetius poursuit fréquemment l'idée et la forme sans les atteindre, du moins d'une manière exacte. Beaucoup de ces réflexions ne sont, dans sa pensée, que des ébauches, des fragments provisoires.

2. En même temps que les idées, dont il fait la « chasse », suivant un procédé cher à Montesquieu et à beaucoup d'écrivains de son temps, Helvetius consigne sur son cahier les images, les métaphores qu'il croit les plus saisissantes, les plus capables de fixer l'attention.

3. Le psychologue-moraliste enregistre les faits qui doivent servir à ses déductions.

4. Helvetius est et sera toujours implacable, à l'exemple de son maître et ami Voltaire, envers la sottise et la superstition, contraires à la justice, au bonheur. Il trouve des formules âpres et virulentes pour les dénoncer, les condamner.

que du meme bois on fait des buches et baal sur l'autel est pris pour un Dieu

La sottize se venge du merite en le meprisant

L'etude polit l'esprit[1]. Le milon ne sortit pas de la carriere mais seulement un bloc de marbre

mefiez vous de ceux qui louront toujours plus les vivans que les morts[2] il y a la de l'envie

Eloges magnifiques des grands hommes

Celuy de Newton[3]. Nec mortali propius fas est attingere Divos

Aristote. Par Averroes. La doctrine d'Aristote est la souveraine vérité il était monté au degrez de l'humanité qui approche le plus de la Divinité. Dieu nous l'envoia pour nous montrer quelles sont les limites de l'esprit humain et les choses qu'il est dans notre nature de sçavoir et les hommes ne doivent être regardés comme plus ou moins sçavants a proportion qu'ils entrent mieux dans ses pensées

Politien dit qu'homere avait été loué par les plus grands génies et que cependant ces louanges n'avoient été qu'ebauchées

beauté la pudeur pour beauté la vertu pour fortune

L'enthousiasme des bacchantes étoit suivi d'un profond someil apres lequel ils se reconnaissoient et admiroient avec

---

1. V. *Helvétius, Sa Vie et son Œuvre.* C'est un des thèmes favoris développés dans les *Epîtres* qui sont ses premiers écrits. — *Polit l'esprit.* Helvétius avait d'abord écrit « augmente ». Le mot est barré. *Polir* s'accorde mieux, en effet, avec la comparaison qui suit.

2. V. plus haut. Il faut donc lire probablement : *plus les morts que les vivants.* Ces notes, en majeure partie, sont rédigées à la hâte, jetées sur le papier. L'auteur semble craindre sans cesse d'oublier les aperçus qui se présentent en masse à son esprit.

3. Grâce au génie de Newton, la conception mécanique de la nature, fondée par Képler, Galilée, Descartes, devint plus sûre et plus vaste. On voit combien la méthode scientifique de Locke et de Newton était admirée en France.

etonnement la force et la puissançe du Dieu qui les possedoit (ce long someil a fait soupconner un malefiçe donné par les pretres[1])

je ne donne jamais d'Eloge que but a but et la flatterie et l'espoir jamais ne me feront mentir

La nature luy donna un corps digne de son ame et un front propre a etre courronné de laurier

L'enthousiasme va allumer des flambeaux sur l'autel on vit autrefois tisiphone au pas precipité allumer aux flots de feux du phlegeton le flambeau qui doit allumer le crime dans le cœur de thieste l'effraiant enfer ne voit qu'avec horreur la rage qui le transporte et redoute pour la terre [sa] rage

L'enthousiasme prend des abeilles[2] pour des harpies

Empoisonneur Le conseil des dix a Venise en entretient a gros gage C'est un meuble d'etat Louis onze avoit le provost Tristan qui executoit aveuglement ses volontés Charles 9 et Caterine sa mere se servirent pareillement de Maurevel

il est bien difficille de louer qui merite autant de l'etre

il faut qu'un Eloge[3] soit une definition pour qu'il soit bon

Esprits[4] La sorte qu'ont en general les grands les gens de cour, les gens riches, les jeunes gens et même la plupart des beaux esprits. Malbranche[5] vol. 1er Page 131

---

1. Helvetius a la préoccupation constante de substituer au mystère, à la superstition l'interprétation rationnelle des faits.

2. Le manuscrit porte au-dessus d'*abeilles : pigeons*.

3. Fontenelle, avec lequel Helvetius fut très lié et dont l'influence sur le développement de sa pensée est incontestable, avait mis ce genre à la mode. Thomas à qui il faisait une pension le pratiqua aussi avec succès.

4. Dans le livre de l'*Esprit*, il y a une longue et subtile analyse des différentes sortes d'esprits. (Discours IV.)

5. Tout en l'accusant de platonisme, Helvetius, qui eut pendant son séjour à Caen (vers 1738) des rapports avec le P. André, disciple de Malebranche, manifesta toujours un certain goût pour ce philosophe rempli de verve et d'imagination.

il y en a de fort heureux en expressions quoique fort malheureux en Raison[1]

Verité. elles ne sont pas toutes arrachées de nos cœurs se
sont des fleurs que le soufle de l'orgueil[2] et des prejugés a
couchée mais qui aux raions d'une profonde meditation se
relevent

La verité est comme l'embrasement d'un des vastes forest
elevee sur les montagnes du nord elle repand dans les nues
et sur la terre une grande lumiere les gens raisonnables ne la
perdent jamais de vue mais ils font quelquefois des detours
inutiles mais pour les aveugles elle luit inutilement pour eux

Description de deux armées qui viennent aux mains pag.
290 hom. vol. 1er

Locke armé de la verité va attaquer l'erreur qui est couvert
d'une cuirasse..... par l'ignorance l'orgueil l'opiniatrete mere
de la sottise Cette cuirasse etoit comme un fort ou les hommes
ne pouvoient l'attaquer[3]

Loke saute d'une verité simple a la verité la plus abstraite
et parcourt en un instant aussy vite que la pensée l'espace qui
les separe de façon qu'un homme de beaucoup d'esprit auroit
eu de la peine a parcourir cet espace en un longtems[4]

Description du sac d'une ville homere. Remarques pages
187 vol. 1er

1. Dès les *Notes*, Helvetius s'inquiète beaucoup de la faculté d'avoir des
idées et de l'art de les exprimer. Comme Vauvenargues et Buffon, il s'intéresse très vivement au style et à l'invention.

2. Le mot orgueil est pris ici dans le même sens que dans l'*Epitre sur la
Paresse et l'Orgueil de l'Esprit*, l'un des premiers ouvrages d'Helvetius (1740-
1741), publiée par F. de Neufchateau dans le *Conservateur*, t. II, p. 264
et suiv.

3. On trouve dans l'*Epitre sur la Paresse et l'Orgueil* le même éloge de
Locke, avec des idées semblables sur la vérité et l'erreur, et le même goût
excessif des métaphores.

4. Dans l'*Esprit* et dans l'*Homme*, Helvetius procède aussi par l'analyse
et la réduction des idées.

L'esprit de Sapho n'a servi qu'a luy montrer qu'on en a plus qu'elle

L'Esprit est comme la manne qui se corrompt dans un vase l'usage seule le rend du poison ou agrement etc

il y a des esprits qui ne peuvent regarder fixement un objet comme les yeux faibles

Loke prend l'esprit dès sa naissance il en suit la progression comme un jardinier d'un jeune arbre

tout esprit limité tel que celuy de l'homme est sujet a l'erreur parce que les moindres choses ont entre elles un infi-nité de Rapports et qu'un esprit limité ne peut comprendre d'autant qu'il croit volontiers que les rapports qu'il n'apper-coit pas [1] n'existent point

en ne marche a la verité que dans le silence des sens

par Loke l'homme vieux est detruit et il nait un nouvel homme qui marche a la verité [2]

Peintres quelqu'uns sont ingenieux dans l'invention D'au-tres dessinent avec force les uns sont sçavans dans les expres-sions les autres peignent avec beaucoup de graçe et de beauté

Demetrius leva le siege de Rhodes parce qu'elle n'étoit atta-quable que du coté de la maison du fameux peintre proto-gene ou étoient ses ouvrages admirables

Erreur. Lorsqu'elle est revetue des habits de la verité elle est souvent plus respectée que la verité meme

Pensée forte s'exprime fortement [3]

---

1. D'après l'auteur de l'*Esprit* (Disc. I, ch. I et II), cet aveuglement est dû soit aux passions, soit à l'ignorance.

2. On peut comparer ces diverses appréciations avec celles qui sont énoncées dans l'*Epître sur la Paresse et l'Orgueil*, où l'on rencontre ces vers :

> Locke étudia l'homme, il le prend au berceau....;
> Des chemins des erreurs Locke nous arracha,
> Dans le sentier du vrai devant nous il marcha...

V. aussi le *Bonheur*, chant. II (t. XIII, p. 37).

3. Voltaire écrivait au jeune Helvetius : « Votre pinceau est fort et

Du sein de l'orgeuil et de l'ignorançe[1] sortirent les erreurs qui semblables a des legions d'abeilles qui vont picorer les plus belles fleurs infecterent les meilleurs esprits

L'erreur est une mer qui englouti tout l'univers sur la surface de laquelle on voit quelque sage qui se sauve dans une legere esquif qui est toujours prete elle meme des englouties et qui fait toujours eau par quelque endroit

Locke est un jardinier infatigable qui va deraciner toutes les tiges de l'erreur armé de la hache de la Raison dont le fil ne s'emousse jamais il coupe les forest immenses des erreurs[2]

L'erreur etoit un accident qui pouvoit arriver a l'homme. C'etoit un nuage epais assemblé sur la cime d'une montagne que le soufle de l'orgueil a dispersé par toute la terre[3]

L'erreur a la demarche altiere dédaigneuse sure de la victoire tiran des cœurs qu'elle infecte punissant elle meme ceux qu'elle a seduit par les pieges ou ils tombent par elle elle entre dans un pais telle qu'une armée victorieuse

Les monasteres offrent un agreable spectacle aux yeux de l'erreur. C'est le theatre de sa gloire[4]

Pensée toutes les pensées s'efforçent de sortir et semblent a la fois couler de sa plume

hardi » (20 juin 1741. Helvetius, Didot, t. XIII, p. 175. Comme dans *Helvetius, Sa Vie et son Œuvre*, les renvois se rapportent à cette édition qui est la meilleure).

1. C'est de l'orgueil, de l'ignorance, de l'erreur qu'Helvetius traite dans ses premières dissertations versifiées soumises au jugement de Voltaire. Elles datent de 1740 environ.

2. Les Epîtres sur l'*Amour de l'Etude*, sur *la Paresse et l'Orgueil* sont pleines d'images, de comparaisons soutenues du même ordre. Ces trois notes sont énergiquement barrées dans le manuscrit. Mais, dans la marge, la lettre b.

3. Dans la marge du manuscrit : *M.*

4. Helvetius est très nettement et de prime abord hostile à l'esprit d'ascétisme.

il n'y a de beau en pensée que le rare [1]

le mot propre fait ressortir les pensées comme les ombres font sortir le relief des tableaux et sans les mot propre les pensée sont toujours louche comme un tableau dont les couleurs seroient effacées

l'erreur et la verité sont enlassés dans le monde comme deux serpent deux goutte d'eau

pour que les pensées soient belles elles ne doivent pas etre deleiées dans beaucoup de mots [2]

il faut rassembler dans un mot un faisceau de pensée [3]

L'erreur acquiert la propriété par la prescription

Ce fut l'erreur qui batit les cieux de pierres qui fit sortir l'univers d'un œuf qui fit des étoiles des lampes attachés aux voutes des cieux [4] lire tout[e] [l'art] d'Anaxagoras [5] l'harmonie des cieux que le soleil etoit plus grand que le peloponesse

nos sens peuvent bien nous tromper dans l'essence [6] des choses mais non pas dans les rapports [V.pr.] le point ma-

---

1. Les auteurs du dix-huitième siècle ont parfois abusé du *rare*. Mais ceux des autres siècles aussi.

2. Il y a souvent dans Helvetius à côté des longs développements de brèves maximes, d'une expression saisissante.

3. Helvetius se plaît fort à ces questions. Il y a beaucoup réfléchi. V. l'*Esprit*, disc. IV, ch. i à v, etc... etc....

4. L'univers, dit le poète-philosophe de l'*Epitre sur la Paresse et l'Orgueil*,

> Tant de fois tour à tour détruit, rédifié,
> N'est encore qu'un temple à l'erreur dédié.

La première préoccupation philosophique d'Helvetius, disciple de Locke et de Fontenelle, fut de s'élever contre les stériles systèmes de métaphysique.

5. Les philosophes du dix-huitième siècle, et Diderot notamment, avaient, en histoire de la philosophie, des connaissances plus réelles qu'on ne le croit ordinairement.

Dans l'*Epitre sur la Paresse et l'Orgueil* il est question des cosmogonies antiques de la Grèce et de l'Orient.

6. Avant les positivistes, Helvetius a leur esprit. Il se désintéresse volontiers des questions d'origine et de fin. Il ne veut raisonner que d'après les faits.

thématique. putestre nos yeux [donne] la grandeur des objets mais toujours proportionnement

que mon vers soit chargé de pensée[1]

l'erreur tira des dieux des arbres placa Jupiter dans le ciel neptune Roy des mers etc. sur un trone de cristal Jupiter sur un trone d'éclairs etc

flatterie elle erige en vertu tous les defauts des grands la Religion du prince est celle des sujets et la Raison du prince est aussy celle de ses peuples. Alexandre penche la tête tous ses courtisans la penchent

Denis a l'arrivée de platon dans Siracuse s'aplique a la geometrie et son palais se remplit de poussiere[2] abandonne t'il la geometrie ils passent de l'horreur de la debauche a l'horreur de la geometrie et elle ne passe plus que pour une pedenterie et la cruauté et la brutalité passe pour grandeur de courage[3]

Diodore de Sicile rapporte qu'en Etiopie les gens de cour se rendent boiteux et difformes qu'ils se coupent quelques membres et se donnent meme la mort pour ressembler a leur princes

Sagesse : c'est une fermeté d'ame que les revers ne peuvent abbattre le sage est heureux dans les malheurs, c'est un vaisseau assailly par l'onde mais qu'elle ne peut submerger en vain allumeroit-on des feux le long de la mer pour la faire bouillir sous les debris du monde Dieu ne seroit point écrasé et le sage dans la vertu et l'etude se trouve comme dans un fort qui le met a l'abry de tous les malheurs sous lesquels il ne peut succomber[4]

---

1. C'est vers 1740 qu'Helvetius écrit ses poèmes. Il les corrige, les remanie, les fond dans le *Bonheur* et abandonne la poésie pour écrire l'*Esprit* et l'*Homme*; il n'y revient que dans les derniers mois de son existence.

2. Il y a sur le manuscrit : *se remplit de poussière qui remplit le palais*.

3. Helvetius excellera à prendre avec une ironie féroce l'esprit de cour.

4. Ces idées se trouvent développées dans « l'*Epître sur l'Amour de l'Etude*, à Mme la Marquise du Chatelet, par un élève de Voltaire » (*Magasin Encyclopédique*, 1814. V. *Helvetius, Sa Vie et son Œuvre*).

la sagesse preside aux conseils et le sort à l'evenement

il est un tems selon Salomon pour rire et un autre pour pleurer et selon epicure il est un tems pour etre sobre et un tems pour etre sensuel Salomon et Epicure se sont souvent dementis dans leur conduite

Chasteté. Epicure ne la regardoit pas comme vertu mais il concevoit la luxure comme un vice il vouloit que la sobrieté fut un economie de l'appetit et que les plaisirs presents ne nuisissent point aux plaisirs avenirs[1]

Les grands[2] n'estiment souvent qu'autant qu'on les encence

Grandeur. Tous les objets sont pour les grands des miroirs ou leur grandeur se reflechit. voila pourquoy ils aiment souvent leur[3] inférieurs[4]

les hommes ont presque tous besoin d'eux ce sont des spheres immenses qui entrainent dans le mouvements de leurs tourbillons une infinité de planetes sur lesquelles ces spheres repandent leur clartés, les planetes leur doivent leur mouvement etc

la flatterie trouve en vain pour louer les grands des tours nouveaux c'est pour eux une nouvelle voix qui chante dans un concert (et leur vie n'est pour eux que le concert de la louange)

---

1. Helvetius part de l'Épicurisme, de la nécessité naturelle pour les hommes de vouloir le plaisir, le bonheur.

2. St-Lambert dit qu'Helvetius s'ennuyait dans la société des grands. Fermier-général, puis maître d'hôtel de la Reine, il devait les voir de près, et recevoir dans son salon de la rue Ste-Anne de très hauts personnages. Mais il n'attachait de prix qu'à leur valeur intellectuelle. Il ne les a pas ménagés dans ses livres. C'est avec raison qu'on peut classer Helvetius parmi les « moralistes », le rattacher non seulement à La Rochefoucauld, mais encore à La Bruyère.

3. *Leur* est toujours écrit au singulier.

4. On trouve souvent, dans Helvetius, des pensées simples et vigoureuses, des vues exactes et cruelles qui font penser à Montaigne, à l'auteur amer et profond des *Maximes*, à Vauvenargues.

cathesime est la liste des mots que l'on doit retenir

personne ne scait si l'ame est née avant ou apres le corps

la scène de l'ame ou les passions jouent un si grand rôle

Imagination vive, forte, et fausse qui exprime des pensées avec energie dont l'aveuglement est superbe, eblouissant et qui jette des lueurs en impoze a la multitude

elle augmente toujours les idées des choses qui ont rapport au corps et que l'on aime

on combat souvent la verité[1] par son image

La jalousie est un lion furieux qui etonné de son ombre se jette avec fureur dessus

quel supplice pour un jaloux de voir louer la beauté la vertu l'esprit de son rival un sang pale roule dans ses veines son ame n'est plus que la colere. — Quelle plus grande douleur encore de voir sa maitresse qui porte encor les marques de ses baiser et qui encore dans le trouble des baisers

Portraits celuy de l'imagination de Montagne. Malbranche Page 437 vol. 1er

Portrait celuy d'un esprit naturel de Ninon de L'enclos[2] sous le nom de leontine (page III du Dialogue sur la musique dss anciens

traductions. Mlle de Lafaiette disoit qu'un traducteur estoit un laquais chargé d'une commission et qui oublioit toujours la moitié de ce qu'on luy avoit dit cependant un bon traducteur doit etre regarde non comme un faiseur de copie d'un bon tableau mais comme un sculpteur qui executeroit en marbre le dessein d'un tableau

---

1. Helvetius a eu constamment le souci de connaître et de dire la vérité.

2. Ninon de l'Enclos est citée aussi dans l'*Esprit* (I, ch. II, t. 2, p. 5) « Qui peut assurer.... que dans les gestes, la parure et les discours étudiés d'une coquette parfaite, il n'entre pas autant de combinaisons et d'idées qu'en exige la découverte de quelque système du monde et qu'en des genres très différents la Lecouvreur et Ninon de l'Enclos n'aient eu autant d'esprit qu'Aristote et Solon ? »

Le pere bours disoit qu'un traducteur etoit un homme qui ouvroit une boite d'essençe et de parfums dont le plus exquis s'evapore

L'avariçe veut avoir le bien d'autruy celuy qui arrachoit une borne etoit mis autrefois a l'interdit les romains avoient grand respect pour le tronc et la pierre qui servoit de borne et l'adoroient la parfumoient d'essençe luy mettoient des courrones de fleurs l'emaillotoient avec des linges et lui faisoient tous les ans au mois de fevrier des sacrifices apellés ter-minalia

Auguste rendit aux veieens la belle statue d'ajax qu'Antoine avoit fait transporter en Egypte

la nature mit l'or sous nos pieds pour que nous le fou-lions[1]

Auguste s'apliquoit a la poesie apres avoir mis ses troupes en quartier d'hiver

Auguste scavoit fort bien la rethorique étoit profond philo-sophe sa passion pour les lettres etoit si grande qu'il s'entre-tenoit toujours a table de matiere d'erudition et qu'il epuisoit tous les sçavants qui venoient a sa table il avoit fait en vers hexametre un livre sur la Sicile qui portoit ce nom et un livre d'epigrame. dans une lettre a tibere il luy recommande Combattez pour les muzes et pour moy

Pindare pour louer trasibule dit : il a rempli son esprit de richesses il ne passe point sa jeunesse dans l'injustiçe et la debauche mais il cuielle tous les fruits de la sagesse dans les antres des muzes

Auguste s'acquit plus de gloire lorsqu'il pacifia l'orient sans tirer l'epée que s'il l'eut depeuplé avec l'epée de la guerre[2]

---

1. D'après tous les témoignages, Helvetius fut d'une admirable géné-rosité. Il était, du reste, fort riche.

2. Tous ces traits de caractéres et de mœurs seront autant de faits et d'arguments dans les déductions du psychologue politique.

Augures on ne les pouvoit depouiller du sacerdoce qu'en leur otant la vie

les toscans les plus habiles dans la connaissance des augure se tournoient comme les poetes a l'occident (v. pa. 198. v. 3. ho.)

dans le livre des destins dieu nous cache les pages de l'avenir et ne nous montre jamais que celles du present

Auguste eut le nom de pere de la patrie

quand Auguste se proposa de se demettre de l'empire il fit un discours artificieux que l'on sentit et tous les sénateurs par crainte le prierent de le conserver

l'avare vit gueux pour mourir riche

Conseil que l'on nous donne devient a nouveau propre quand nous l'executons

trophée l'art ni le faste n'a pas elevé de pompeux à la gloire mais notre reconnaissance n'en a elevé dans nos cœurs

Le commerce et l'agriculture sont les nourrices[1] des états

Poesie Le vray doit etaier les peintures de la poesie[2] et les peintures doivent embellir le vray ce sont deux chainons engagés l'un dans l'autre

Loke n'a pas fait tant de bruit que les philosophes anciens qui avoient des disiples qui reflechissoient leurs opinions semblables a ces flambeaux qui sont au milieu d'un cabinet de glace et dont la lumiere se reflechit beaucoup et au loin et paroit une grande lumiere a peine a t'on ote les glaces que l'on voit que tout cela etoit moins l'ouvrage des flambeau que des glaces

---

1. Le manuscrit porte au-dessus de nourrices : mammelles. Helvetius ne considère pas aisément l'homme en dehors de la société, de l'état.

2. L'imagination doit, selon ce poète-philosophe, colorer les idées et les faire valoir. D'où ses *Epitres* et surtout son *Bonheur* où les métaphores et les allégories dissimulent des conceptions sur la vie et l'humanité. Dans ses traités, l'imagination et l'esprit, le décor pittoresque et le conte fantaisiste s'unissent aux raisonnements, aux exemples accumulés.

homere, vie d'hommere de m^de Dacier,

il est le premier qui ait dit que la terre etoit envirronnée d'eau que le soleil s'eleve et se couche dans l'ocean et que le cercle arctique ne se couche jamais on dit qu'il mourut de depit de n'avoir pu expliquer un enigme que lui proposerent des pecheurs. Comme Aristote se jetta diton dans l'euripe pour n'avoir pas pu comprendre la cause de ses pretendues sept marées journalieres.

Ptolomée philopator 3eme Roy d'Egypte luy eleva un temple manifique dans lequel il plaça la statue d'homere et autour le plans des villes qui se disputoient l'honneur de luy avoir donné la naissançe

A chio et a Amestris ville [ville] du pont on celebroit des jeux et on frapoit des medailles en son honneur

A Smyrne on batit un portique quarré au bout duquel etoit un temple et une statue a homere Et a Argos on l'invoquoit avec Apollon [1]

Complexe. il y a des idées complexe qui se representent a l'esprit aussitost que des idées simples comme un visage qui est composée de plusieures parties se peint tout a coup dans un miroir

Poetes Compare[2] les idées entre elles comme les geometres comparent les corps

forest de l'amerique il est chez vous des Locke et des Newtons

homme) Ne pense point malheureux n'ait que les pensées de ton pere ou de ton amy

---

1. Helvetius disserte fréquemment sur les lettres et les arts dans leurs rapports avec les mœurs. Son originalité est de considérer les sujets les plus divers d'un point de vue social. Il a, contrairement à Rousseau, son glorieux contradicteur, un grand amour du progrès et de la civilisation. Les lettres et les arts contribuent au bonheur des nations cultivées.

2. C'est avec raison qu'on peut reprocher à Helvetius l'effort et la combinaison qui ne suppléent pas chez un poète à la spontanéité, à la simple émotion, mais sont fort précieuses, en revanche, chez le politique et l'homme d'état.

Dieu ne detruit point l'homme en faisant un prophete [1]

Posterité en vain on fatigue les Dieux pas les offrand[r]es pour avoir une postérité il faut des couilles et non pas des offrandes

Monstre qui est couvert de serpent au lieu de poil

mœurs

la Raison et l'amour adoucissent nos mœurs

Les grands [2] sont a la nation avant que d'etre au roy et tous les peuples leur ont confié leur interests

Grands Sont pour la plupart comme les faux dieux des anciens C'est un vil morceau de sapin d'un peu d'or revetu

ils voient l'univers s'armer pour leur querelle leur citoiens respectueux devant leur tribunal attendre qu'ils les rendre [3] heureux les fables d'homere ou les princes etoient les plus braves etc tout augmente leur presomption

Les témoins de leur grandeur et qui pour ainsy dire ornent leur triomphe et sans lesquels il ne peut exister ces envieux servent a leur chute

quand on est plaçe au centre de la roue de la fortune si l'on ne peut s'elever bien haut au moins ne peut on descendre bien bas

L'art Sous ses chaines contraint la nature et fait servir ses elements aux plaisirs [4]

---

1. On trouve à maintes reprises des vers ou des fragments de vers dans ces Notes.

2. Helvetius qui n'ignore pas, d'ailleurs, les dangers de la démagogie n'est pas tendre pour l'aristocratie. On peut consulter encore à ce sujet son *Commentaire sur l'Esprit des Lois.*

3. On rencontre assez fréquemment sur le manuscrit des additions, des corrections témoignant de la recherche du mot propre, brillant, saisissant, mais l'auteur, fort soucieux d'observer et de se documenter, ne se préoccupe guère ici des lapsus calami.

4. Cf. avec les vers suivants de l'*Epître sur les Arts* (t. XIII, p. 99) :

> Les arts commandent-ils ? la nature est docile....
> Amie de nos plaisirs, leurs libérales mains
> Ont de bienfaits sans nombre enrichi les humains.

et les ennuis sont peints sous leur fronts chargés de pierreries

les faux sçavants le mepris des sage et l'etonnement des
sots[1]

ce sont des astres dont on observe les moindres mouvements
de ce qui plaisoit on fit un art

Sagacité d'esprit n'habite sous les toits dorés et n'est gueres
de mize chez la plupart des hommes

Amant il est insatiable de la vue de son idole et de toucher
les merveilles de son corps

La terre n'enfante point assez de fleurs pour les offrir a son
amante ni l'arabie assez de parfums

Les yeux des amants grossissent les beautés de leur maitresse
et diminue leur defaut

c'est quand une beauté s'abandonne aux amant et sur un
lit que l'on pratique les delicieuses caresses de l'amour

Malbranche[2] est comme un phosphore qui éclaira pendant la nuit et qui ne rependit plus de lumiere aux grands
jours

Les arts se reflechissent mutuellement des lumieres

La raison et l'ame suit les progres du corps elle est plus
foible dans l'enfançe et la vieillesse ainsy que le corps il se
pourroit bien faire qu'elle fut matiere[3]

1. Dans la marge : *b*.

2. Barré sur le manuscrit.

Malebranche est apprécié en même temps que Locke dans l'*Epître sur la
Paresse et l'Orgueil*. D'autre part, on lit dans l'Epître sur l'Amour de
l'Etude :

Un phosphore pétri de soufre et de bitume,

etc...

Helvetius, dont le style restera imagé, se corrigera de ces fautes de
goût.

3. Le « matérialisme » d'Helvetius est discret même dans ce recueil non
destiné à la publicité. Comme matérialiste et comme déiste (car il est plus
ou moins l'un et l'autre), il ne se livre qu'à des hypothèses.

tertullien et quelques peres ont cru l'ame corporelle [1]

et l'empire des grecs fut le temple des arts

Les academiciens ou les disciples de Socrates etoit cette secte qui etendoit le plus l'esprit et formoit le plus le jugement

les ans apportent beaucoup de commodités en venant et en emportent beaucoup en s'en retournant

et du sein des carrieres l'art tira les palais des Rois

l'art dans les premiers tems fit ses premieres ebauches

Amasones ces terribles et aimables guerriers qui par la puissançe de leur armes ou de leur yeux vainquirent leur ennemis ainsy la verité par sa forçe ou sa beauté triomphe des cœurs indociles

Machine infernale en tombant sur cette ville paroissoit comme un soleil qui se detacheroit de la voute des cieux et qui annonceroit la destruction prochaine de l'univers

Artillerie de passage des anciens pour accabler la raison [2]

Architecture ce qui sert a la solidité des batiments sert en meme tems a leur beauté tel que les differents ordres de colonnes dont les plus foibles telles que l'ordre composites doivent etre plus elevé

Democrate proposa a Alexandre de faire du mont Athos sa statue qui tiendroit une ville d'une main et de la main gauche un vase qui apres avoir reçu toutes les eaux qui coulent sur cette montagne les versera dans la mer

au defaut de raison il apporte un passage

Passions dont les images [3] obscurcissent le soleil de la Raison

---

1. V. au début de l'*Esprit*, dans une Note (Disc. I, ch. 1, t. 1. p. 199) : « S. Irénée avançait que l'âme était un souffle (flatus est enim vita. Voyez la Théologie païenne. Tertullien, dans son Traité de l'âme, prouve qu'elle est corporelle. Tertull. de anima, cap. 7. p. 268. » St-Ambroise et St-Hilaire sont cités aussi.

2. Barré.

3. On est tenté de lire : *sont les nuages obscurcissant...*

Paisan un paisan ne prend pas de part a la gloire de sa patrie ni de son roy mais bien de celle du hameau

la passion dominante est un prevost muni du pouvoir de la justice elle entre a main forte dans l'esprit y loge son objet et veut qu'elle y soit regarde comme le seul proprietaire de la place

Amphion batit dit on les merveilles de thebes au son de sa lire cela est imité de josue qui fit tomber les murs de jericho au son des trompettes[1]

chez les anciens on restoit a jeun jusqu'au couché du soleil

on faisoit en grece des courses avec des torches ardentes celui qui arrivoit le plus vit au but sans les eteindre etoit le vainqueur (a mettre en comparaison)[2]

les anciens croient que les danses et les jeux des satires renfermoient toujours quelque chose de misterieux cespourquoy ils les representoient entre venus les graces et les amours

les anciens avocats exposoient devant les juges un tableau ou etoit peint le crime de leur adverse parties

les romains apres s'etre exercés dans le champ de mars se jettoient tous fumants dans le tibre

les anciens se foisoient honneur de jouer des instruments et on regardoit comme un defaut dans themistocle de ne sçavoir point jouer de la lire

les anciens non seulement portoient le carquois sur l'epaule mais meme la lire enfin tous ce qui les distinguoit

les anciens scites empoisonnoient dit on leur fleches avec de la semence de vipere melée au sang d'homme

1. L'histoire des sociétés des religions, des idées, telle qu'elle est, d'après les faits et les rapprochements de faits, passionne le futur auteur de l'*Esprit*.

2. Dans ces *Notes*, Helvetius consigne non seulement des faits saillants, des idées, des impressions, mais encore des images capables d'éclairer ou d'orner une argumentation.

les anciens qui alloient voir de nuit leur maitresse portoient des flambeaux des leviers des arcs et des haches pour mettre le feu aux fenetres aux portes ou pour les abbattre si on ne leur ouvroit pas[1]

Architas grand geometre philosophe astrologue et mechanicien avoit fait un colombe de bois qui d'abord qu'on luy avoit donné l'essor voloit jusqu'a la fin de sa corde

les anciens aimoient les petits fronts dans les femmes qui le rapetissoient avec des bandelettes

boire dans la coupe de la liberté[2] pour signifier estre libre

Douleurs. absençe de douleurs est le bien des malades

semblable a ce voluptueux qui au milieu des plaisirs les plus vifs demandoit a ces esclaves s'il etoit heureux

un ply de Rose blesse Smindride le moindre revers blesse l'ambitieux

Journal des Sçavans du 9 aoust 1666. Les pierres et meme le verre servent de nourriture a de petits vers

Peinture ce qui prouve la beauté de la peinture du tems des grecs c'est que la sculpture ne peut etre (toute) parfaite si la peinture et le deissein ne son poussé a un haut degréz. Or les antiques sont encor nos modelles en sculpture, donc etc.

Ouvrage il y a dans les ouvrages des beautés qui appartiennent a toutes les nations et il y en a qui n'appartiennent qu'a la mode et au circonstançe[3] les unes sont des beautés du premier genre les autres du 2[d]

1. Avant d'établir dans l'*Esprit* sa généalogie des passions dérivant de l'amour-propre, de l'amour du plaisir, de l'intérêt (dans le sens général qu'il donne à ce mot), Helvetius a, comme plus tard, Stendhal, la passion de la passion. Il est épris des mouvements ardents et tumultueux de l'âme, et il en calculera les effets pratiques et sociaux.

2. On sait que les poètes du dix-huitième siècle eurent tous ce goût excessif et souvent puéril des périphrases.

3. V. sur ces deux sortes d'ouvrages l'*Esprit,* Disc. II, ch. xix, t. III, p. 35 à 40.

Orgueil. Empedocle fut si passionné[1] des honneurs divins qu'il se jetta dans les goufres du mont œtna pour insinuer qu'il avoit été enlevé dans les cieux mais [que] les flammes par un sort contraire rejetterent une de ses pantoufles qui ctoit d'airain ce qui le priva des honneurs divins. il reprochoit a ses citoiens de courir au plaisir comme si ils eussent cru mourir dans le même jour et de batir des maisons comme si ils eussent cru toujours vivre[2]

il a[3] un noble orgueil qui vient d'une grande ame qui vient de la connaissance qu'on a de soy et il y a du courage a dire hautement ce qu'on est quand on ce connait c'est l'aiguillon des grandes choses pour produire le sublime il faut une noble confiance[4]

l'orgueil et l'heureux succez tourne si fort la tete aux hommes que pompée voiant que tout luy reussisoit sur mer se declara fils de Neptune ainsy Alexandre etc

Cleopatre se faisoit apeller isis et antoine bacchus. Voi. v. 2. ho. pa. 430

parmi ces financiers[5] qui se font elever de superbes mauzolées qui restat deux dans leur epitaphe leur orgueil ils font vivre leur viçe apres leur mort

l'orgueil ne s'extasie qu'en parlant de luy

1. Helvetius, qui avait l'amour de la gloire en même temps que celui de la justice et de la vérité, considérait ce sentiment comme un élément très puissant et très utile dans la vie des individus et des peuples.

2. barré en partie.

3. Pour *il y a*, évidemment.

4. Helvetius n'exalte pas l'esprit d'humilité ou de fausse modestie. Il a horreur de toutes les hypocrisies. Et puis, cela est contraire à sa doctrine qui est essentiellement une doctrine de vie. Mais la vanité lui semble inutile et ridicule.

5. Financier et ancien financier, Helvetius resta très simple et plein de bonhomie. A Voré, il recevait à sa table les gens les plus humbles et même les moins distingués, pourvu qu'ils fussent honnêtes. *V. Helvetius, Sa Vie et son Œuvre* (Sa vie à Voré et à Lumigny ch. XII).

et dans les miroirs ou il se regarde il se prend pour narcisse et meurt d'amour pour luy

les ouvrages ne sont faits que pour les bons esprits capables d'en profiter[1] les sots liroient sans profit les livres les plus senses

l'orgueil humain voulu triompher sur un char de l'ocean pour en avoir emporté une douzaine de coquilles

amour propre on ne s'en defait point on le quitte comme bette et on le reprend comme spirituelle

anglois nous avons les graces ils ont la force nous plaisons ils etonnent[2]

les gens qui ne sont pas d'une naissançe illustre sont obligé de.'[......] par des preferençes exterieures la preferençe qu'on fait de soy

le respect a la porte des grands fait plier la tete au vulgaire mais dans ce cabinet l'inquietude et le chagrin devore ce grand c'est la au milieu des ressorts qui font mouvoir les hommes (et qui sont les passions) il touche tantost une de ces touche et tantost l'autre. l'amour l'amitié ni la decoration de l'uni vers n'est point faitte pour luy[3]

harmonie. Pitagore pretendoit que les cieux foisoient par

---

1. Sur le manuscrit, au-dessus de *bons esprits : et les sages*. — C'est une constatation qu'on devait lui faire cruellement expier! Elle est cependant sans amertume. D'après lui, les hommes « communément bien organisés » ne sont des sots que par suite d'une mauvaise éducation.

2. L'Angleterre attirait alors l'attention des écrivains français. Voltaire, Buffon et Montesquieu, avec lesquels Helvetius était lié, l'avaient visitée. L'auteur de l'*Esprit* devait y séjourner lui-même en 1764. Il eut, comme les plus célèbres auteurs de l'époque, des relations avec Hume, Gibbon, Smith, etc...

3. Ce n'est pas comme un prophète, au nom d'une sombre religion, qu'il montre la destinée peu enviable des grands, des puissants de la terre, mais comme moraliste épicurien, hanté par le Bonheur. Le sage de Voré, l'âpre citoyen du traité de l'*Homme* eut les mêmes idées que l'auteur des *Epîtres* et des *Notes*. — Barré. *Et le chagrin*, ajouté.

leur mouvement reglés un merveilleux concert que les hommes n'entendent pas parcequ'ils y sont accoutumés

amour. dans les amans absents de leur maitresse l'image du plaisir et le desir coulent avec leur sang dans les veines et y excitent des transports et des representations si vive qu'elle produit souvent les memes plaisirs que l'amour luy meme

en amour l'amant est devoré du desir de parcourir les beautés du corps de sa maitresse et de lancer par la voie des plaisirs les feux dont il est embrazé. les yeux sont humides et le desir luy met toujours devant les yeux le tableau de sa maitresse nue[1] : Ainsy pour la verité etc

Les charmes d'une maitresse meme absente assiege vos yeux sa voix assiege vos oreilles tout sert d'aliment a l'amour pour l'etendre et l'accroitre l'amour ce don du ciel[2] qui demandoit a etre cultivé par des ames les plus parfaites et les imaginations les plus belles plaisirs vifs que le mariage a assoupie dons du ciel que la debauche grossiere et peu savoureuse a detruit et que l'interest a converty en marchandises[3]

en parlant de l'amour et de l'erreur

l'abces se vivifie et croit en viellissant

l'amant aupres de sa maitresse attache et fixe ses yeux sur elles ses mains vont avec fureur saisir ses cuisses et ses fesses les dents craquent ils se font des morsures que la seule fureur peut rendre agreable

1. Très voluptueux, Helvetius est souvent un grand peintre de la volupté. Dénuées d'apprêts, en dehors de tout cadre littéraire et artificiel, ces brèves descriptions, parfois très libres, nous sont d'autant plus précieuses.

2. *Ce don du ciel*, ajouté.

3. Si Helvetius n'a point les désespoirs des grands et douloureux Romantiques, il peint les joies naturelles de l'amour avec un enthousiasme qui ne manque pas de lyrisme jusque dans le ton réaliste du peintre et les réflexions cyniques du moraliste.

l'amour est insatiable de plaisirs et ses souhaits occupent la place des forces

l'amour dans les plaisirs s'elancé de leur veines

la richesse de leur peres converty en rubans

l'essence de l'amour est de n'etre jamais heureux la jalousie le trouble la perte des biens, on a dit du bien et du mal de cette passion. pour etre heureux il ne faut pas connaitre l'amour passion mais l'amour volupté [1]

lire lucreçe Comme l'amant deifie les defauts de sa maitresse trouve la noire brune etc. (vol. 2) pag. 144. pag. 96

Moines qui ont la triste singularité de se priver des plaisirs sans faire moins de crimes

opinions. Souvent leur changement que l'on regarde comme l'effet de la raison n'est qu'un changement d'humeur que l'age a amené [2]

et voltaire indigné se tait devant un moine

chinois il ne reste plus de traces de sciençes que les sciençes qu'ils ont perdues

opiniatreté c'est le sujet qui la distingue de la fermeté l'opiniatre soutient obstinement le mensonge et l'homme ferme la verité.

logique flambeau de l'erreur non de la verité.

lucreçe soutenoit que le soleil n'etoit ni plus ni moins grands qu'il le paroissoit on voit de loin un flambeau et il ne paroit pas plus petit [que] qu'il ne l'est effectivement

la plus belle couronne des Rois est celle qu'a tisse l'amour des peuples [3]

---

1. Grimm signale cette opinion du « Code Helvetius ». Buffon pensait de même. Evidemment, la passion avec ses extases et ses deuils est bien plus noble et pathétique. Mais comme ceci, en tout cas, est exact !

2. L'auteur de l'*Esprit* s'efforcera de rechercher les causes des événements moraux et sociaux, causes souvent très obscures et très négligées, bien qu'essentielles.

3. Helvetius est l'ennemi implacable du despotisme. Quoique le grand

que les rois ravage la terre etc. pourvu qu'ils me laissent ma Silvie[1]

l'amour de la gloire[2] rechaufe souvent la vertu fait braver les rois les suplices mars la volupté et les richesses

les lois doivent leurs forçes aux mœurs[3]

La gloire des poetes ce monument que les doigts de fers du tems ne peuvent ebranler

sa gloire s'elevoit audessus de celle des autres comme le pic de tenerif dont le sommet frappe les cieux[4] s'eleve audessus des autres montagnes de la terre

les rois disent qu'ils aiment le vray mais malheur a qui les croit sur leur parole

la gloire et la renommée qui avec une voix plus forte publie chaque siecle la louange des grands hommes morts publira toujours la sienne

jouir de la gloire sans s'en enivrer

la pitié en son cœur triomphe de la gloire il ne tonne pas pour fraper

il veut que le trophée de la clemençe soit plus haut que celuy de la victoire

preferre aux lauriers sanglants l'olive pacifique

Frédéric pût se plaindre d'avoir trouvé dans l'*Homme* la folle idée d'une république française, il était beaucoup moins l'adversaire du roi que du tyran. Il est vrai que dans un roi il y a nécessairement, lorsque la monarchie est absolue, l'étoffe d'un tyran. Avant tout, il s'agissait pour Helvetius de réaliser la prospérité la plus grande possible du plus grand nombre dans l'état, transformé par l'éducation et la législation.

1. C'est la pensée qu'exprime d'abord Elidor à Netzaııire dans le Poëme du *Bonheur* (Ch. IV, t. XIII, p. 77). Mais ensuite le spectacle de la douleur humaine l'accable jusque dans les bras de son amante.

2. Il conviendra donc que la société le stimule par des récompenses, puisqu'il lui est utile.

3. Peu à peu dans le poète-philosophe on voit naître le moraliste politique.

4. *Dont le sommet frappe les cieux,* ajouté.

le sang qui en degoute souille le plus beau front

la triomphante croix voit palir le croissant[1]

les lauriers semés autour de [.....] berceaux se couvrent a present

la gloire comme un fleuve qui saccroit en son cours par le [...] et des fontaines s'augmente par les siecles

entouré de nains un nain plus haut se croit un geant que l'on voit de toute la terre[2]

et les tombeaux sont des monuments non de la piétié mais de l'orgueil des fils

l'opinion naquit avec les premiers hommes

Philosophe qui n'est pas sensuel meprise le Sibarite qui le meprise a son tour ils ont tort tous deux[3]

sois ignorant et non pas decisifs

l'ignorançe n'est pas condemnable il n'y a que l'impertinence

l'art du politique est de faire en sorte qu'il soit de l'interest d'un chacun d'etre vertueux

Richesses elles sont la couronne et l'ornement du sage

Sciences et les arts etoient egalement estimés en greçe les grands peintres les grands poetes les grands philosophes et les grands politiques (p. 93. Dialogue sur la musique des anciens)

Stile

apprend moy l'art d'etre fort avec graçe[4]

---

1. C'est probablement en écrivant un poème épique et allégorique que le jeune Helvetius rêvait de conquérir la gloire.

2. Comme Montaigne, Helvetius trouve des traits pittoresques et frappants pour dénoncer les vaines prétentions des hommes.

3. On trouve dans l'*Esprit* (Disc. II, ch. VII 1 De l'esprit par rapport aux sociétés particulières, t. II, p. 88 et suiv.) le développement de cette idée. Le fakir et le sybarite, la prude et la coquette se méprisent. L'homme de robe, l'homme de guerre, le négociant croient chacun sincèrement que leur sorte d'esprit est la plus estimable.

4. Helvetius s'appliqua à cet art et y réussit très souvent, bien qu'il lui

vous avez beaucoup lu mais n'avez pas bien lu

des principes innés il suit qu'il n'y a pas de liberté comme je le scay et on peut repondre a ceux qui diroient que l'on peut toujours suspendre son jugement donc on a de la liberté que cette meme reflection qui nous engage n'est pas plus volontaire que les autres et que c'est de certaines fautes et les objets exterieurs que l'on condui a cette reflection etc[1].

sisteme. il y a dans la tete des hommes[2] des semences qui s'embraze a la lueur d'un sisteme elles sont propre a s'allumer aux raions de l'erreur comme une petit etincelle peut mettre le feu a des magasins de poudre

impressions de haine malbranche dit quelle ne peuvent etre communiqué par les sens dont il tire une preuve de l'ame cela est faux car a la vue d'un ennemy ou d'un coquin qui ne se fait pas scrupule de tuer alors il arrive que la memoire a la voix de cette homme et a ses discours se represente les meaux et les douleurs que cet homme pourroit nous faire souffrir et de la la haine ors cette peinture vient par les sens etc[3]

arrive d'abuser de la force ou de la grâce et de l'effet. Diderot remarquait avec raison dans ses *Réflexions sur le livre de l'Esprit* qu'il réunissait tous les genres et employait tous les tons.

1. Comme le baron d'Holbach, Helvetius était nettement et absolument déterministe. Sa physique des mœurs repose sur le déterminisme. Voltaire, en encourageant le jeune « nourrisson des muses » à traiter en vers « la sublime métaphysique », soutenait plus ou moins contre lui la thèse du libre-arbitre et avouait que si le fatalisme était vrai, il ne voudrait pas d'une vérité si cruelle. Il répondait ainsi à une lettre où l'enthousiaste lecteur de Locke avait déclaré trouver de grandes difficultés dans son chapitre « de la puissance ou de la liberté » (t. XIII, p. 183 et 184). Voir aussi *De l'Esprit*, Discours I, ch. IV, t. I, p. 272 à 276.

2. Débarrasser l'esprit humain des erreurs qui lui sont néfastes, voilà la première tâche du philosophe, selon Helvetius. C'était déjà la conception de Socrate.

3. Dans l'explication des faits moraux, Helvetius se sert avec une dextérité tout à fait remarquable de l'association des idées, dont il n'a pas, d'ailleurs, vu clairement le rôle et qu'il n'a pas suffisamment définie.

idées nous n'avons pas d'idées que ne soit excitée par une image pourquoy concevons le cercle comme une ligne courbe dont tous les points de la circonferençe seroient egalement distant du centre c'est quoiqu'il ne soit pas tel en soy il nous paroit pas ainsy

la Richesse de l'etofe fut cachée dans celle de l'art

un homme qui est une fois dans l'erreur plus il vit plus il a d'erreurs c'est un masse qui tombe et qui acquiert plus de mouvement a mezure qu'elle tombe [1]

jeux seculaires institués a l'occasion d'un miracles (v. pa. 139 v° 3. Rem. Sanadon)

les jeux de hazard etoient defendus chez les romains a peine de prison ou d'estre envoié aux galeres excepté pendant les fetes saturnales

les mexiquains avant de tomber sous la domination d'espagne avoient des jeux seculaires

invention des bagues vient de promethée (catulle 334)

infiny — en vain l'esprit fait des efforts pour le comprendre si l'on enfermoit toute la mer dans un tuiau capillaire quelque grande qu'en fut la hauteur cette mezure ne seroit pas un point dans l'espaçe [2]

Cieux les peripateticiens soutenoient que les cieux etoient inaterables et incorruptibles

Ministres leur grand art est de bien choisir leur sujets imitatores servum pecus

tel passe pour grand esprit qui ne seroit qu'un fou s'il n'etoit pas ministre

ixion qui embrasse les nuées au lieu de junon est l'embleme des ambitieux

imprimerie l'art de graver la parole fut trouvé par un habi-

---

1. Barré.

2. Sur l'idée de l'infini et sur le mot, V. *de l'Esprit,* Disc. I, ch. IV, t. I, p. 267, 268.

tant de Strasbourg nommé jacques guttemberg qui selon les historiens d'hollande ne fit que la perfectionner frederic ₃ la comprit au rang des prosperité de son regne louis ₁₁ fut son introducteur a Paris ce prince etablit aussy les postes

idée a remplir que les loix, les mœurs des peuples dependent de causes phisique, traité le demontrer par l'histoire¹ a comparer les differents gouvernements

scavoir pour cela s'il y a une histoire universelle des mœurs et des situations des pais

que tout esprit est propre a tout dans la meme proportion ou il est propre a une chose partir de l'idée que tout vient par les sens traité²

Epitre a Voltaire³ que j'ose le louer etc. dire qu'il est la sourçe de l'humanité qui doit entrer dans les cœurs

sçavoir si un roy a plus a craindre d'une societé d'athées que de crethiens il seroit plus en seureté puisque le seul appas qui feroit tuer un Roy ne subsisteroit pas. les citoiens aimeroient mieux leur amis puisque leur cœurs ne seroient pas partagés entre deux amours les amants leur maitresse et les Rois seroient plus grands parcequ'un vil porteur d'eau dit qu'il sera interrogé au jour du jugement⁴

1. Cette note et les deux suivantes sont, comme on le voit, des plus importantes. Helvetius se cherche. Cette physique, cette histoire naturelle des mœurs, il l'entreprendra dans l'*Esprit*. — Après le mot histoire, il y a un renvoi et on lit dans la marge : *d'ou l'on pourrait prouver le fatalisme.*

2. En effet, s'appuyant sur le sensualisme, et sur les résultats de l'éducation dans le sens le plus général du terme, Helvetius montrera dans l'*Esprit* et dans l'*Homme* que tout esprit est propre à tout. C'est là sa thèse fondamentale, son paradoxe favori, si l'on veut.

3. Dans l'Epître sur l'*Amour de l'Etude* il y a un éloge pompeux de Voltaire, comme savant et comme moraliste. Ni Montesquieu, ni Buffon, ni Condillac ne sont cités ici. Voltaire seul est nommé trois fois.

4. On comprend pourquoi Voltaire s'effrayait de la hardiesse intellectuelle de son élève et lui conseillait de se saigner, comme ayant trop de sang !

il faut sans comparaison plus de douze fois plus d'esprit pour rendre ses idées[1] que pour les avoir (ou en sont tous les hommes qui se croient tant d'esprits pour avoir de certaines idées ou en sont les ministres qui meme ne les ont pas) tout cecy est prouvé par la quantité de gens qui passent pour avoir de l'esprit et qui font de si mauvais ouvrages

faire des lettres sous le titre d'amour propre expliquer tous les cas possibles de morale avec cela[2]

montrer par l'enchainement necessaire des chose physique l'enchainement necessaire des choses morale qui n'arrivent point sans cause phisique

donner un plan des etats possibles calculer les probabilités pour le bonheur des hommes[3]

Peinture fait sortir les grands hommes du tombeau fait les vivre[s] aux yeux et rend présent le passé

Esprits comme les bons esprits voit que notre nature est condamnée a l'ignorançe et qu'ils ne peuvent connoitre aucune des causes ni avoir aucune idée de l'essençe des choses il restroient sans rien dire[4] s'ils ne s'occupoient a rire des

---

1. Helvetius écrivait avec le plus grand soin et remaniait sans cesse ses ouvrages. Morellet le vit suer à Voré devant sa tâche. S'il manquait de spontanéité et accordait tout au travail et à la méditation, il avait le plus noble souci de la probité nécessaire à l'écrivain qui se respecte.

2. Ceci encore est essentiel. Helvetius n'écrira pas ces lettres, mais il fondra tous ses projets philosophiques et littéraires dans le livre de l'*Esprit*.

La Bruyère, Vauvenargues, après La Rochefoucauld, avaient appelé l'attention sur l'amour-propre. Le but systématique d'Helvetius sera, en codifiant et en développant par l'analyse des faits et des idées les observations contenues dans les *Maximes*, d' « expliquer tous les cas possibles de morale avec cela ».

3. Créer une science exacte de la vie morale et politique des hommes et des peuples, tel était le but d'Helvetius. C'est une idée très moderne.

4. L'auteur de l'*Esprit* fut accusé d'impiété, d'athéisme, de spinozisme, de déisme, d' « indifférentisme ». On voit bien, d'après ces *Notes*, quelle est, quelle sera son attitude intellectuelle à l'égard des problèmes d'origine et de fin.

sottises des sots qui croient tout decouvrir et entendre ainsy les sots sont necessaires aux gens d'esprit

Esprits ceux qui veulent sçavoir et ecouter toutes les differentes opinions sont bien plus propre a connoitre la verité[1] comme un cheval qui a traversé un pais en tous sens le connoit mieux que celuy qui attaché a une roue n'a jamais parcouru qu'un petit cercle

les gens d'etude qui [n']ont pour patrie non seulement l'univers present mais l'univers passé ne sont pas si facile a s'asservir aux opinions d'un peuple et chaque lui paroit proprement comme une cotterie a un autre homme[2]

Esprit celuy de D.[3] etoit deja puissant dans un age ou les autres peuvent a peine penser il avoit rapproché les tems les plus reculés de sa vie

les grands esprits atteignent egalement aux grands vices et aux grandes vertus[4]

les bons esprits sont parmy les autres hommes comme une belle voix seroit dans un concert composée de sons faux et aigu une voix si sonore seroit discordante

1. Si dans ses traités Helvetius réduit le jugement à la sensation, il y voit, du moins, la perception d'un rapport, d'une comparaison. Celui qui sait le mieux juger est celui qui sait le mieux comparer. — Barré.

2. V. de l'*Esprit*. D. II, ch. xviii, De l'Esprit considéré par rapport aux siècles et aux pays divers (t. II, p. 280) et ch. xx De l'Esprit considéré par rapport aux différents pays (t. III, p. 48). — Barré.

3. D. Descartes?

4. Parce qu'ils ont de grandes passions qui les conduisent aux uns et aux autres. Les petitesses des hommes célèbres intéresseront cet historien réaliste des mœurs. Helvetius dira dans l'*Esprit* : « Qu'importe au public la probité d'un particulier ? Cette probité ne lui est de presque aucune utilité. Aussi juge-t-il les vivants comme la postérité juge les morts. Elle ne s'informe point si Juvénal était méchant, Ovide débauché, Annibal cruel, Lucrèce impie, Horace libertin, Auguste dissimulé et César la femme de tous les maris ; c'est uniquement leurs talents qu'elle juge ». Disc. III, ch. vi. t. III, p. 84.

Mon esprit qui n'est plus retenu par l'obstacle des corps s'élançe avec forçe dans les plaines de la metaphisique

le genie est comme un feu qui s'entretient par la matierre qui c'enflamme par le mouvement et qui s'augmente a mezure qu'il brule car la forçe du genie ne croit que par l'abondançe des choses

la verité est un flambeau qui luit dans un brouillard sans le dissiper

et la verité ayant degrader les dieux du trone ou l'erreur les avoit elevé a rendu les mortels egaux aux dieux [1]

il y a des verités qui semblent borner l'esprit et audela desquelles il semble qu'il n'y ait plus de chemins pour aller tel on voit dans la mer deux montagnes qui semblent se joindre et borner l'etendue des mers ceux qui osent aller jusqu'au pied souvent trouvent detroit qui les conduisent dans de nouvelles mers immenses [2]

cest contre ceux qui doutent [3] sans se donner la peine de rechercher

les petits esprits qui cherchent la verité et qui en sont bientost las sont semblables a ces enfants qui ayant faits quelques tours sont etourdis les colonnes qui soutiennent le vestibule ou ils sont semble tournoier ils craignent leur chute et ils ne voient plus rien [4]

---

1. C'est encore une des idées exprimées dans l'*Epître sur l'Orgueil et la Paresse*.

2. Les quatre pensées précédentes sont barrées au crayon ou à l'encre.

3. Helvetius n'est ni dogmatique, ni sceptique. Il aboutira à une doctrine positive. Il ne peut s'en tenir ni à Platon, ni à Malebranche, ni à Montaigne.

4. Helvetius a fait un persévérant effort pour découvrir et dire la vérité. Il écrira dans la Préface du traité de l'*Homme* : « Je ne serai point le panégyriste de cet ouvrage; mais j'assurerai le public que toujours de bonne foi avec moi-même, je n'ai rien dit que je n'aie cru vrai et rien écrit que je n'aie pensé ».

Musique[1] des anciens Dialogue

Platon ne permettoit que deux mode le lidien et le phrigien l'un pour imiter le courage avec lequel on affronte la mort le lidien pour inspirer la moderation dans toutes les action soit qu'on demande ou l'on refuse soit que l'on conseille ou qu'on persuade (P. 81)

experiençe par laquelle Pitagore vint a la connaissançe que l'octave etoit composée de 12 demi tons (pa. 42)

faits singuliers sur les effets de la musique (pa. 17 etc)

Elisée avant de prophetiser demande que l'on luy amene un joueur d'instrument (pa. 20)

Public son jugement est pendant la vie d'un auteur comme une onde agitée qui monte qui baisse mais cependant a la fin [2] qui attrape son calme

vice et par la liste des exemples vicieux le corrupteur fournit a la jeunesse des excuses aux sien

les vices des grands sont des germes feconds qui en enfante d'autres

les anciens foisoient murir leur vins a la fumée pour leur oter le gout rude que les vins nouveaux ont d'ordinaire et les faire murir

le vin s'apelloit le lait de venus

que les vignerons aux vendanges foulent dans leur danses la terre qui leur a donné tant de peine a cultiver

les anciens buvoient pour avoir plus d'esprits

divertissons nous jusqu'a ce que la viellesse ait repandu sa nege sur notre tete et qu'en succant les suc de notre corps elle ait etendue notre peau

vie s'écoule rapidement les roses ne font que paroitre a la terre chaque plaisir ont a peine le tems de se sentir

---

1. Helvetius qui allait assidument à l'Opéra adorait la musique, surtout la musique italienne.

2. *pendant la vie d'un auteur* et *a la fin*, ajoutés.

multiplions les tant que notre vie ne soit qu'une sensation [1]

la viellesse qui marche a pas lents ne prend point les nimphes au saut du lit [2]

la musique adoucit le transport de saul

on pretend qu'autrefois les medecins purgoient les malades par la musique et ordonnoient tant de chanson de serenade etc.

cet art qui fit parler les instruments et leur preta des passions a des cordes insensibles et les rendit eloquentes

meler les lis de la viellesse aux Roses de la jeunesse les ris peuvent danser avec les cheveux gris avec des jambes qui plient un peu et des cheveux blancs qui voltigent

Metaphisique

qui pourra me guider dans cet abime profond ou les sensations ne peuvent me conduire c'est la raison c'est l'examen exacte de la progression des idées et l'observation de la notation de l'ame sur ellememe [3]

nous n'avons pas une idée distincte du neant et de l'espace [4]

1. Il y a de la poésie et de la beauté dans cette fougueuse ardeur pour les plaisirs.

2. Dans le 1er chant du *Bonheur,* le poète peint, après les ivresses des jeunes amants, les misères du Sybarite vieilli. Les plaisirs passés font ses malheurs présents. La Sagesse dit qu'il « pouvait » être heureux. Il pouvait jouir de l'amour,

> Mais il devait en sage
> Se ménager dès lors les plaisirs de tout âge.

(T. XIII, p. 21). Cette idée est développée déjà dans l'*Epître sur l'Amour de l'Etude.*

3. « Je suis bien aise, écrivait Voltaire au jeune Helvetius, qu'après avoir bien raboté en poésie vous vous jetiez dans les profondeurs de la métaphysique » (H. t. XIII, p. 206).

4. V. dans l'*Esprit*, Disc. I, ch. IV : « Ce que j'ai dit du mot matière je le dis de celui d'espace ; la plupart des philosophes en ont fait un être, et l'ignorance de la signification de ce mot a donné lieu à de longues disputes. Ils les auraient abrégées s'ils avaient attaché une idée nette à ce

les Etats peuvent etre flatté comme les rois et ne jamais corriger leur mauvaises constitutions quand on n'assure la liberté d'en dire les defauts il seroit de l'interest des hommes d'avoir cette liberté

beautés les vielles femmes ou les laides qui [[1]] a leur voiles de mettre leur appas sont des sepulcres reblanchis

espaçe le vaste abime de l'espaçe est pres a recevoir les parties errantes du monde et recevra les debris de sa destruction

on n'entend pas souvent les metaphisiciens parce qu'ils ne s'entendent pas eux memes

la metaphisique du pere malbranche est de l'imagination sans image

les metaphisiciens pretendirent avoir decouverts des pais inconnus dans l'ame ils mentirent beaucoup ainsy que font les voyageurs au lieu de donner la carte de l'ame et son histoire ils donnerent des plans imaginées et des contes des fées jusqu'a ce qu'il vint un voiageur veridique (qui ayant tout vus ce qu'ils soutenoient avoir vu et que personne ne contredisoit parce que personne ne les entendoit non plus qu'eux memes) il dessilla nos yeux sur leur menteries [2]

Enthousiasme en tuant les heretiques il peuple l'enfer par leur sainte fureur

Enfans ont nos memes passions leur hardiesse marche avec

mot : ils seraient alors convenus que l'espace, considéré abstractivement, est le pur néant, que l'espace considéré dans les corps est ce qu'on appelle l'étendue, etc... » (t. I, p. 266).

1. Achevent ??

2. C'est de Locke qu'il s'agit évidemment. Helvetius s'est beaucoup inspiré de Locke, de sa méthode et aussi de ses idées morales et politiques. Il n'a d'ailleurs jamais négligé l'occasion de témoigner son admiration envers l'illustre Anglais et de le citer (*De l'Esprit*, t. I, p. 161, t. III, p. 39, t. V, Disc. IV, ch. I. « Locke éclaircit, approfondit ce principe — que nous devons aux sensations toutes nos idées — en constate la vérité par une infinité d'applications et Locke est un génie ». *De l'Homme*, t. VII, p. 153, t. XII, p. 147, etc...)

des epees de bois leur avarice trafique des poupées leur devotion marche avec des chasuble de papier etc.

Esclavage on n'aime point a la cour[1] les gens d'esprits le cardinal de richelieu ne mit en place que des hommes complaisants et d'humeur a se contenter de la gloire d'obeir et il ne donna les sceaux au president seguier qui fut depuis chancelier que sur le portrait que lui en fit le prieur des Roches son secretaire qui luy dit que c'etoit un homme souple et né pour la servitude

id. reponse de M^r le duc d'Orleans a M^r de charost

pour reussir dans un etat il faut juste avoir la doze d'esprit qu'il faut pour cet etat parce que tous cela fait naitre en nous un certain fanatisme que nous n'avons que pour les choses que nous estimons et ou il faut toutes les forçes de notre esprit pour reussir par la meme il vaut mieux avoir moins d'esprit que plus d'esprit que son etat en comporte dans ceux bornés comme la finançe[2] la robbe etc

la superstition sorty de l'egypte son berceau s'est elancé en tous sens dans l'univers et a comme englouty la verité

un vent furieux qui ravage les plaines enlevent les forest qui courronnoient les monts et engloutissent les vaisseaux et les iles memes sous les masses enormes d'eaux de la mer

la superstition habite le plus souvent le cœur des infortunés[3]

superstition les croioient qu'un mot qui troubloit un sacrifiçe etoit de mauvais augure voila pourquoy les herauts crûrent (fovete linguis)

la sculpture tailla ses dieux et la poesie meme par ses chants consacra les erreurs ses tableaux aller gagner les voix pour le mensonge et la bouche qui ne devoit etre que l'organe de la verité trompette qui devoit l'annoncer alla publier l'erreur

---

1. On trouve dans l'*Esprit* une analyse très piquante de l'esprit de cour.
2. Helvetius en fit l'expérience comme fermier-général (1738-1751).
3. Ces deux pensées sont barrées.

belle statue tu va parler (pour epigrame) d'une femme sotte)

la verite des choses depend d'un point de vue d'ou on les voit ainsy sont les astres qui nous paroissent des points de feu quand on voit les astres dans un miroir convexe

les astres paroissent bien plus distant les uns des autres qu'ils ne sont et qui sçait si nous ne voions pas tous avec ce miroir

que la verité protege mes ouvrages[1]

quand on combat les prejugés la verité ne prend pas d'abord elle s'eleve comme un crepuscule et souvent il faut attendre un siecle suivant pour que les hommes la regarde comme le soleil a son midy[2]

l'abeille sent au loin l'odeur du miel et les gens d'esprit le genie

la verité imbibe son ame comme l'humidité imbibe un corps

a mezure que l'on tire de l'esprit il faut y verser de nouveaux aliments

De meme que l'harmonie et l'ordre de l'univers nait du combat des elements les uns contre les autres ainsy la verité nait des differentes disputes ainsy l'on a tort de n'ozer disputer et parler de toutes les choses[3]

les grands esprits sont traités de foux par les petits c'est un homme d'une excellente vue sur la hune d'un vaisseau qui crie a ses compagnons. je vois la terre tous monte a la hune

1. V. Les belles pages d'Helvetius sur la vérité dans la Préface de l'*Esprit*.

2. « En vain des hommes vils et lâches voudraient la proscrire (la vérité) et lui donner quelquefois le nom odieux de licence ; en vain répètent-ils que les vérités sont souvent dangereuses ; en supposant qu'elles le fussent quelquefois, à quel plus grand danger encore ne serait pas exposée la nation qui consentirait à croupir dans l'ignorance... Si la connaissance d'une telle vérité peut avoir quelques inconvénients dans un tel instant, cet instant passé, cette même vérité redevient utile à tous les siècles et à toutes les nations ». (*De l'Esprit*, t. I, p. 185).

3. On osait « disputer et parler de toutes les choses » dans le célèbre salon de la rue Ste-Anne, sous le regard attentif et bienveillant de M. Helvetius.

personne ne la voit on le traite de fou comme il les traite de gens a courte vue et il faut que l'experience ait couvaincu les compagnons et si le vaisseau etoit pris par le calme tandis durerat ses compagnons le traiteroient de meme[1]

il y a des esprits qui paroissent produire des pensées qui ratent toutes comme ces fusées volantes qui devroient eclairer tout l'horizon et qui ne font que sillonner le feu et qui ne rependent point des etoiles

souvent du sein des mers agitées[2] on voit sortir des feux et souvent des gens mediocres on voit sortir des bluettes d'esprit

les plus grands[3] esprits font les plus grandes fautes c'est des nues que viennent les tempetes

il y a dans l'esprit des maladies epidemiques auxquelles peu de gens echapent

lorsque l'esprit ne considere les objets qu'en gros on n'y voit que de la confusion de l'embarras et des obscurités impenetrables mais ce ne sont que des fantomes crées par la paresse perçe cette nuit apportez y les raions de la meditation tout ce qui etoit obscure deviendra clair

il faut accoutumer son esprit a avoir des idées sur toutes les scienços[4] quoiqu'il ne s'aplique particulièrement qu'a un art il faut que l'esprit s'étende en tous sens car sans cela on ne voit que par la lunette de son art et l'esprit devient inepte[5] aux autres choses

1. Toutes les notes contenues dans la page précédente sont barrées à l'encre ou au crayon sur le manuscrit.

2. Ce mot est ajouté.

3. Au-dessus de *grands*, on lit, sur le manuscrit, *élevés*.

4. La philosophie et la sociologie s'appuient de plus en plus sur toutes les sciences. Helvetius avait des connaissances très variées. Mais, en général, sauf dans les comparaisons et les exemples, il négligeait la physiologie. L'un des chefs de l'idéologie, Cabanis, fils adoptif de Mme Helvetius, s'efforcera de la mettre au service de la psychologie.

5. On lit *inepte* qui s'employait dans le sens d'*inapte*.

Illusion lorsqu'un vent fait voguer les vaisseaux sur la mer ou les nuages dans le ciel les nuage semblent fuir et les astres rouler dans le ciel en sens contraire[1]

Pirrhonien il y a des choses sur lesquelles on doit etendre le voile du pirrhonisme mais en fait de science il faut etre furieusement sçavant pour etre pirrhonien car il faudrait sçavoir tout ce que l'esprit humain peut sçavoir pour prouver que ce *sçavoir n'est rien*[2]

Philosophe on se represente les philosophes ayant de grosses, tetes le front large et la barbe ample et manifique la mine austere[3] au premier eclat de rire on ne croiroit plus a ses dogmes

les philosophes stoiciens dans la douleur leur orgueil scevit et non la joye foisoit leur bonne mine

ils entendent plus la voix de l'orgueil plutost que celle de la verité

Principes on passe legerement sur les principes faux pour venir a des consequence c'est le plus court chemin de l'opiniatrete et de la chimere

1. Cette note et celles de la page précédente sont encore barrées au crayon ou à l'encre.

2. Helvetius, comme les positivistes modernes, comme Renan, avait la plus grande confiance dans la science. Il célèbre sans cesse les conquêtes de l'intelligence humaine. Il croit au progrès, à la transformation de la société par l'esprit scientifique. Son œuvre entière est imprégnée de cette espérance. Il attaque avec beaucoup de vigueur et même d'âpreté la célèbre thèse de Rousseau dans le traité *de l'Homme* (Sect. V, ch. VIII, Des éloges donnés par M. Rousseau à l'ignorance; ch. IX. Quels motifs ont pu engager M. Rousseau à se faire l'apologiste de l'ignorance ? que les talents et les lumières ne corrompent point les mœurs des peuples, t. IX, p. 187 à 198, etc...). Morellet raconte que M. Helvetius fut l'un des premiers à faire vacciner ses enfants.

3. L'auteur de l'*Esprit* n'avait rien d'austère. Mais, malgré ses saillies et ses contes parfois licencieux, c'était un philosophe et un citoyen aux convictions ardentes.

Bien souvent les fondements vicineux passent pour des principes certains on ose en douter et de la jonction et liaisons monstrueuses de ces idées deviennent a la longue aussy naturelles a l'esprit que la lumiere au soleil

Pitagore regardoit le sel comme l'embleme de la justice c'est des grecs que nous est venu la superstition du sel renversé

pitagore pensoit que l'ame des poetes passoit dans le corps des cignes

Philipe ayant consulté l'oracle sur ses expeditions l'oracle luy repondit. Combats avec des lançes d'argent et tu vaincras tout

on dit que phidias avoit une espèce d'huile miraculeuse avec laquelle il donnoit une espeçe de jeunesse et de beauté a ses statues qui ne pouvoit etre effacé par les injures du tems

Presque toutes les vues philosophiques ne servent a rien non quelles ne soient excellentes Mais parce que il y a trop peu de gens qui puissent les comprendre[1] et que comme les gens de beaucoup sont rares il est rare qu'il y en ait a la tete des états, ce qui fait que les vues les plus saines sont perdues, ainsy tout homme de beaucoup d'esprit doit chercher a vivre en paix sans se mettre en peine des mauvaises plaisanteries des sots orgueilleux de la faveur d'un ministre ainsy pour etre emploié par eux il ne faut etre qu'un sot renforçé[2]

Platon vendit des huiles en egypte et y vecut de ce gain

Poesie on n'a point d'idée de la poesie elle consiste dans la vie forte ou gracieuse image d'une verité dite avec harmonie et énergie[3]

---

1. Nul plus qu'Helvetius n'enseigna la nécessité de transformer les particuliers et l'état par l'éducation.

2. *L'Esprit* contient toute sorte d'opinions de ce genre. On n'osait guère le défendre contre les attaques des Jésuites et des Jansénistes. Trop de gens, et de gens puissants, y étaient indirectement maltraités.

3. Dire des vérités avec harmonie et avec énergie, ce fut à quoi s'appliqua Helvetius en vers comme en prose.

il y a des gens assez imbecillé pour faire de la pocsie un art mecanique comme lart de rimer et de mettre dix pieds au lieu de la regarder comme le peintre de l'esprit[1]

Quittez la poesie si vous ne dites des verités sans les peindre dites moy que la guerre est fatale mais peignez moy mars sur un char que guide le carnage qu'entoure les cris et dont les roues sont teintes du sang qui jaillit des corps qui ecraze[2] voila ou les grands poetes n'ont jamais manqués

on peut dire qu'il y a une grande ressemblance entre les poetes et les prophetes dans leur enthousiasme et qu'on leur a donné le nom de prophetes comme aux prophetes celuy de poetes (v. Sanadon. pa. 107. vo 3. horace)

si les rois peuvent illustrer un homme pendant sa vie les poetes peuvent l'illustrer pendant tous les siecles

Platon dit que le poete est quelque chose de leger d'ailé et de sacré

la Poesie est une vapeur qui s'attache a l'ame la penetre l'echaufe y porte la fecondité et luy fait montrer des verités revetues d'un coloris eclattant[3]

les anciens ont remarqués que les pretres d'apollon formoient leur propheties et leur reponses sur le murmure de ses eaux

promethée monta au ciel par le secours de minerve et ayant attaché un flambeau a une roue du char du soleil et par la il deroba le feu du soleil dont il fit present aux hommes

le chagrin avec ses ongles perçant et penetrant ne peut

---

1. Le *Bonheur* est un poème allégorique et philosophique (V. *Helvétius, sa vie et son œuvre*, le Bonheur.)

2. On saisit bien ici l'erreur des poètes du dix-huitième siècle. Mais cette erreur ne doit pas nous empêcher de goûter ce qu'ils peuvent avoir de charmant ou de pénétrant.

3. Helvetius resta un poète dans ses traités philosophiques en ce sens qu'il s'efforçait de revêtir les vérités, et il y parvenait souvent, d'un coloris éclatant. J.-J. Rousseau reconnaissait qu'il avait une plume d'or.

rien contre la poesie qui emousse si fort ses ongles qu'il ne peut s'attacher au poete

et dans les champs immenses de la poesie composons un beau et un nouveau bouquet dont chaque fleur meme soit rare

dans le poete Apollon inspire tout a coup[1] le beau vers et l'homme fait le mediocre

il ne faut jamais peindre en poesie que des images que l'on puisse se representer a l'imagination voila pourquoy le guindé ne vaut rien

Poesie brillante de la pourpre et prophane et sacrée

interprete des dieux inventeur des loix

la poesie peintre des passions differente (douce forte plaintive touchante elegante ou sublime exprime les differents caractere des passions

il faut dans un sujet toujour aller au fait et ne jamais briller par un pompeux ecart et peindre chaque sujet avec le coloris qu'il luy faut[2]

l'Erreur les peuples la bouche ouverte l'avalent quelquefois elle repand un feux tel que dans un feu d'artifiçe l'hemisphere paroit d'abord eclairé par uue quantité d'etoiles qui s'eteignent aussitots

la peur est une cause de l'erreur, la pauvreté fit un ciel pour les pauvres et un enfer pour les riches[3]

---

1. *tout à coup*, ajouté.

2. Helvetius respectera plus, semble-t-il, la seconde règle que la première. Voltaire lui reproche cependant d'avoir été trop plaisant en des sujets graves. Mais l'auteur de l'*Esprit* voulait être agréable pour être plus utile et plus instructif. Il fallait dissimuler des vérités crues sous des apparences aimables ou même bouffonnes.

3. Sur les effets de la crainte, v. H. t. I, p. 219 (Disc. I, ch. II. Des erreurs causées par nos passions) — Il y a, dans Helvetius, beaucoup de ces réflexions saisissantes qui s'imposent. Sa tentative systématique lui a beaucoup nui. Le philosophe a fait du tort au moraliste. — Dans la marge du manuscrit : *b*.

outre les erreurs qui nous vivent[1] par l'ignorançe et la superstition l'amour du merveilleux chaque passion amena une erreur et contribua a notre malheur et non content des malheur attaché a l'etat d'homme comme les maladies etc nous puisames nos autres meaux dans le sein fecond de l'erreur[2]

bien des gens se sont trouvez engagés dans l'erreur sans pouvoir l'eviter ne la fuiant pas assez tot semblable a ses hommes qui sont sur une eminençe sur le rivage de la mer retiré il veulent s'en aller quand la mer est montée jusqu'a eux mais alors il n'est plus tems les plaines derrieres eux sont déja inondés et de l'eau couvre bientot la monticule ou ils sont élevé[3]

l'erreur montra aux ambitieux la courronne et le bonheur au sommet d'un mont de cadavre[4]

l'erreur est comme une mine ou l'on a mis une meche on ne soupçonne qu'il y en a une que lorsquelle fait son effet

l'erreur comme la foudre prend sa naissançe dans les nuages epais et sombres

je scay bien que si mes vers corrige ce ne sera pas sur le champ le chemin du vray se fait avec progression celuy de l'erreur se fait dans le meme moment l'un gagne peu a peu l'autre envahit tout[5]

des cavernes l'erreur fit les soupiraux de l'enfer

ce fut elle qui dressa la carte du pais des ames

la paresse source de l'erreur [6]

sans l'examen notre esprit se trouve le reservoir de l'erreur au lieu d'etre le magasin de la verité

1. Pour *viennent*, évidemment.

2. V. de l'*Esprit*, D. I.

3. Barré.

4. Napoléon — comme Robespierre! — exécrait Helvetius qui a sans cesse dénoncé les potentats et les conquérants sanguinaires.

5. Cette note et la précédente aussi sont barrées.

6. C'est l'un des thèmes développés dans l'*Epître sur l'Orgueil et la Paresse*, souvent repris dans l'*Esprit* et dans l'*Homme*.

je compterois aussitost les heures qui composent un siecle que de compter les erreurs des hommes

Locke[1] a coupé le serpent monstrueux de l'erreur qui n'etant pas encore mort leve contre lui ses horribles tronçons par un mouvement naturelles mais qui ne peuvent effraier son vainqueur

Eté deja le laboureur marche appesanti sous le faix des moissons deja le marchand lançe a la mer ces vaisseaux qui doivent l'enrichir

usage la nature n'a pas formé nos membres pour nous servir mais nos membres ayant été formés nous nous en sommes servis[2] de meme le fer n'a pas été formé pour fabriquer ces canons destructeurs de l'humanité mais le fer etant formé les hommes sans sont servis a cet usage

la valeur marche a la tete des armées

la valeur n'aime a cueillir que les lauriers qui croissent au milieu des precipices

et l'amour enfanta la danze et la parure

le cerf cherche partout l'aimable biche que l'on a immolé aux autels des idoles ses pleurs ses mugissements la redemande aux vastes forest ni les tendres bourgeons des saules ni les rivages fleuris des ruisseaux ne peuvent luy plaire s'il eut trouvé cette biche cherie il eut dans ses transports perdu la force qui doit le derober a la poursuitte des chiens on regrette souvent ce qui fait notre salut[3]

l'amour et l'amitié sont les deux liens qui retienne mon ame a la terre d'abord que nous mourerez ces deux liens seront coupés et mon ame s'envolera

---

1. On voit quelle place tient Locke dans l'élaboration de l'œuvre d'Helvetius.

2. C'est la causalité qui intéresse Helvetius. Il procède en savant, il veut faire de la morale une science, chercher les causes des événements moraux en les décomposant.

3. Barré.

l'amour entouré du desir[1] se precipite dans les dangers

les anglois immoloient anciennement les etrangers tantost ils les ouvroient tout vivant pour faire leur devinations les tuoient a coups de fleches cruxifioient les autres ou les renfermoient avec plusieurs animaux de tout espeçe dans un grand colosse d'azier ou de bois auquels ils mettoient le feu pour en faire un holocauste ils mangeoient aussy de la chaire humaine[2]

le veritable [   ] est celui qui est devoré par les inquiétudes de l'amour

· aimerois je iris aussi legere que les zephirs[3] a la course mais elle est aussy inconstante que luy souvent aussy serieuze[4] que Junon souvent aussy folatre que les graçes elle est souvent aussy cruelle que penelope mais aussy elle est aussy belle que venus elle est quelquefois aussy railleuse[5] que momus mais elle a autant d'esprit que les muzes. de plus elle m'a promis un baiser je l'aimeray donc[6]

accordez vos faveurs tandis que votre chair est ferme et votre blanche bientost le tems viendra brunir cette belle gorge et amollir ces fesses eteindra ce feu de vos yeux alors en vain vous offrirez vos faveurs[7]

1. Vauvenargues avait déjà montré avec force le rôle des passions. Il y a, dans Helvetius, une veritable philosophie de l'amour et du désir. On comprend le goût que Schopenhauer eut pour lui.

2. Dans la marge : Horace.

3. Le mot *vent* est barré, remplacé par *zephirs*.

4. *Serieuze* remplace *querelleuze*.

5. *Railleuse* au-dessus de *medisante* qui est barré.

6. Très riche et très beau, le jeune Helvetius eut beaucoup de bonnes fortunes. Grimm cite, parmi ses maîtresses, Mmes d'Autré et de Chaulnes. Il fut très lié aussi, semble-t-il, avec la Gaussin et Mme de Rochefort. (V. *Helvetius, sa vie et son œuvre*, la Vie Galante et Mondaine.)

7. Cette verdeur de style, qui a son charme et sa poésie en s'unissant à des grâces légères, est peut-être moins « immorale » que les analyses quintessenciées des complexes perversités de l'âme où se complaisent tant de romanciers psychologues de la décadence.

les pales amants

vous estes d'un sang plus ancien plus illustre plus riche.
vous estes tiré superbement sur un char transparent par 7 chevaux bien moulés. ma maitresse ne va qu'en brouette mais
elle a le corps et l'ame plus belle que vous. il me semble voir
lorsque je vous vois ainsy le char d'un convoy. et quand je la
vois je crois que c'est venus en bergere[1]

la bauté de ma maitresse qui ne ressemble a rien me fera
chanter de beaux airs et tout neufs.

heureux l'amant qui dit tous les soir a sa maitresse j'ai vecu

viens dans mon jardin venus y a fait croitre des mirthes
pour t'en courronner lorsque tu luy aura sacrifié (de meme
la terre fait croitre des palmes en Arabie et c'est la ou elle t'attend pour te courronner les forest te serviront de courronnes[2]

l'erreur sa peau est de couleurs changeantes

l'erreur que suit le fanatisme l'orgueil et les crimes a plus
fait de torts aux humains que les monstres les plus cruelles et
les influençes des astres

l'erreur est comme la matiere qui ne s'anneantit point mais
qui change de forme seulement

on ne verra finir l'erreur que lorsque les debris du monde
erreront dans l'espaçe

une fleur couverte de Rosée paroit au premiers raions du
jour une fleur de diamant mais au grand jour le soleil au lieu
de faire reflechir ses raions obliquement sur cette fleur et de
tromper par la attire perpendiculairement a luy cette rosée qui
est sur les fleurs alors le charme cesse[3]

outre le grand tourbillon de l'erreur qui enleve tous les

1. Il y a souvent, dans ces Notes, comme des fragments de confessions
amoureuses, mais toujours impersonnelles.

2. Barré.

3. En analysant sans pitié les sentiments dans l'*Esprit*, Helvetius ris-
quera aussi de faire tomber, en quelque sorte, leur rosée et cesser leur
charme. La vérité est souvent redoutable.

hommes non content de cela chaqu'un a un petit tourbillon particulier comme le bon air etc comme les astres qui outre le grand tourbillon de la nature on dit on chaqu'un un tourbillon particulier[1]

Eté lorsque le soleil vient embrazer les routes du ciel

le desir du scavoir est une des causes de l'erreur

dans la vaste mer de l'erreur ou presque tous[2] les mortels sont submerge il en est quelqu'uns qui se sauvent sur des planches ces mortels ne sont pas submerge mais ils[3] sont toujours en peril et peutestre sont ils tous si loin de la terre de la verité que jamais ils n'y toucheront et toute leur adresse ne servira peutestre qu'a les defendre de l'erreur sans les faire aborder nulle part[4]

l'erreur vous offre des[5] apparences de verités semblables a ces maitresses que les chevaliers danois trouvent dans le palais d'armide au bruit de leur baguette le charme s'evanouit ainsy a la lumiere d'un examen elles disparoitront

la verite deracine l'arbre que fit germer l'orgueil

le bandeau la verité l'arrache et l'erreur le remet

sage la tempete exerçe sa violençe contre un chene elle arrache sa parure ses branches et le chene prive de cette chevelure qui donnoit prize aux vents en est plus fort et devient interrassable aux vents ainsy le malheur qui s'attache a un sage par l'enlevement qu'il luy fait souvent de ces honneurs ou de ses biens le roidit contre l'adversité et le rend alors interrassable[6]

---

1. Ces deux notes sont barrées.

2. *Quelques-uns* barré.

3. *Ne sçavent* barré.

4. Selon les préceptes qu'il a exprimés, Helvetius met sans cesse son imagination au service de ses idées. « Vous êtes brillant de pierreries, écrivait Voltaire au jeune écrivain.... il faut que vos diamants soient mis en ordre... » (1741. t. XIII, p. 176).

5. *fausses* barré.

6. Barré. — Dans la marge : beau.

ce ne sont pas les sages et les gens éclairés[1] qui allument le flambeau de la discorde et de l'erreur ces entre les nuages epais que part la foudre et non du ciel serain

la sagesse ne va point fouiller au centre de la terre pour en tirer avec l'or les chagrins et les soucis[2]

la sagesse sur un trone inebranlable et quoiqu'elle se satisfasse elle meme se leve un peu de dessus son trone pour recevoir le plaisir[3]

la foudre ne va pas porter le trouble dans l'empirée ni l'infortune dans le palais de la sagesse

si quelquefois le sage est emu au dehors la douleur ne passe pas au fond du cœur : le fond de la mer est toujours calme lors de la plus violente tempete et que sa surface s'eleve en piramide etc

le sage est toujours calme il n'est pas agité toujours par le flux et le reflux des passions

les saison s'enfuient en se tenant par la main

le sage est plus fermè et plus heureux[4] au milieu des mizeres que les grands au milieu du luxe et de l'abondançe

le sage jusqu'au tombeau se fait conduire en dansant

la perfection de la sagesse etoit autrefois d'aimer les muzes

---

1. *Et les gens éclairés* ajouté.

2.
> L'opulent, accablé du poids de son loisir,
> Au dégoût, à l'ennui conduit par l'ignorance,
> Cherche en vain le bonheur au sein de l'abondance,
> Empressé de jouir, il ne jouit jamais
> Que du plaisir grossier des besoins satisfaits
> Son imbécillité croît avec sa richesse

(Le Bonheur, chant II.)

On trouve dans l'*Esprit* et dans l'*Homme* des portraits assez sombres et peu flatteurs de l'opulent, et surtout de « l'opulent oisif ».

3. Au début du *Bonheur*, Helvetius, en parlant de la *Sagesse*, dit que

> De sa paisible cour
> Elle n'écarte pas et les jeux et l'amour.

(T. XIII, p. 16.)

4. *Plus ferme* ajouté.

cette paresse active metoit le sceau et cette tranquillité qu'elle verse dans l'ame

sapho on batit une monoie avec son image chez les mitileniens

Newton les premiers raions du soleil sont les avant coureurs de sa lumiere eblouissante bacon fut l'avantcoureur de Newton [1]

la terre ne donne des fruits aux arbres que lorsqu'ils luy ont rendu leur fleurs. Dieu n'a donné Newton a la terre que lorsque les brillantes chimeres des anciens philosophes etoient tombés [2]

les ailes odoriferantes [3] des Zephirs en s'agitant repandent les parfums son vol repend les plaisirs le vol hardy de Newton [4] a repandu la lumiere et la verité [5]

il est encor des romains qui preferent [6] la cabane des fabriçe aux palais d'or des nerons

Rois les astres et les rois furent les premiers dieux quelques genies hardis examinerent leur cours leur mouvements et virent que c'etoit une idolatrie et arracherent le voiles aux astrologues et aux courtisans [7]

les Rois et les grands mezure souvent leur merite au respect qu'on leur rend et ils ne sentent pas que c'est aux graçes qu'ils peuvent faire et non a eux que s'adressent tant d'homages [8]

marcellus estoit surnommé l'épée des romains

1. Dans la marge : *b.*

2. Barré.

3. Ajouté.

4. Newton est célébré dans l'*Epître sur l'Amour de l'Etude*, dans le *Bonheur* (ch. III), etc.

5. Dans la marge : *b.*

6. Les châteaux de Lumigny et de Voré où Helvetius se retirait pendant plusieurs mois de l'année ne sont pas des cabanes. Mais le philosophe y vivait simplement, s'y montrait généreux et « sensible ».

7. Barré.

8. Helvetius excelle à remettre les choses au point, à voir ce qu'il y a

les Romains dans une expedition contre les arabes eurent
une maladie extraordinaire leur tete se dessechoit et il n'y
avoit d'autre remede que de boire de l'huile et du vin[1]

Rois Alexandre menoit la terre en triomphe

et la chute de rome ebranle l'univers[2]

cesar apres la bataille de pharsale en voiant les corps des
romains dit (ils l'ont voulu apres tant de grandes actions moy
cesar j'aurois eté condamné si je n'avois demandé du secours
a l'armée que je commandois

il est dangereux de donner des conseils a des Rois imbecilles
ils immolent toujours le conseiller aux flatteurs[3]

un grand merite et un grand esprit est un dangereux outil
il vaut mieux estre souple et bas le cardinal Espinoza qui etoit
un autre cardinal de Ximenes mourut disgracié et le prince
d'Eboly qui etoit un homme tres mediocre mourut dans la
faveur

claudius dit a Mitridate qui alloit estre Roy des parthes de
se souvenir qu'il alloit gouverner des citoiens et non pas des
esclaves. peu de rois sçavent les limites de leur autorité et peu
de courtisans le leur apprennent

les actions des rois sont si resplendissantes qu'ils ont beau
s'enfermer dans des cabinets cachés la lumiere perçe et luit a
travers les plus epaisses murailles on le scait toujours

Merite autrefois on elevoit des statues a la plus belle nimphes au plus brave au plus spirituelle a present que la soif de
l'or a gagné les hommes on eleve des bustes de marbres a des
hommes de boue[4]

derrière les gestes et les attitudes. D'où son cynisme tour à tour exquis et
choquant. — *et les grands*, ajouté.

1. Dans la marge *h. v. 3. pa.* 148.

2. Ce vers est barré.

3. Parmi les longues déductions et les saillies de l'*Esprit*, on trouve
de ces constatations véhémentes et sarcastiques. Aussi, Helvetius fut considéré par beaucoup de gens comme un ennemi de l'état.

4. Cette note et la précédente sont barrées. — Helvetius préconise sans

Mechanceté. Callimaque dit qu'un jeune homme couron-
noit sur un tombeau une petite statue de sa maratre se per-
suadant qu'en ayant perdue sa vie elle avoit perdue sa mé-
chanceté mais il fut tué de la statue qui tomba sur luy
éloignez vous donc dit Callimaque de vos maratres meme au
tombeau

Mecene avoit fait 10 livres de poesie et deux tragedies

metampsicose etendue dans presque tout l'orient.

Metal le fer qui jusqu'alors n'avoit façonné que les marbres
ne s'etoit point souillé du sang humain

le merite de Caton a des panegiristes et plus d'imitateur
le merite ne va point chez les grands pour adorer l'idole

la sotte raillerie obscursit le merite

et si sa vertu est connu c'est qu'il y a du quelque chose au
bon exemple

les Messinois ont au commencement de juillet une fete de
notre dame de la lettre a cause d'une lettre qu'ils pretendent
que la vierge leur a ecrit surquoy un jesuite a fait un livre
intitulé Epistola b. mariœ virginis ad messanenses veritas
vindicata

Metaphisique on peut donner le nom de metaphisique a
toutes les choses de pures speculations et aux 1ers principes[1]

il n'y a de choses absolu dans l'univers que l'existence et
la non existence tout le reste est sujet au calcul et est de
rapport

le tems est la succession des formes et des idées (faux ce
n'est qu'un moien de le calculer[2]

cesse dans ses ouvrages les récompenses offertes aux talents et aux vertus,
à l'exemple des républiques antiques.

1. On donnait alors, en effet, le nom de métaphysique à toutes les spé-
culations, spécialement à l'analyse des idées (en ce sens, Condillac était un
grand métaphysicien), de même qu'à la recherche des premiers principes,
à la solution des questions d'origine et de fin.

2. La réflexion *faux...* est de la même écriture, mais d'une autre encre.

on peut calculer les probabilités des certitudes de l'histoire comme celle du jeu. Alors il faut remarquer combien d'abord il est probable que le fait existe[1]. soit [[2]] qu'on dise qu'un a 5 pieds 6 pouces la probabilité qu'il l'ait est en raison des hommes qui ont cette taille relativement aux autres etc

on a tort de dire que zero ne soit rien on le peut regarder comme l'extreme d'une progression infini ou innombrable en nombre comme le point mathematique l'extreme de la division de l'espace ainsi on a tort de dire que ce ne soit rien. Ainsy zero divisé par zero doit donner un ce qui n'arriveroit pas si zero etoit rien encor zero n'estil egal a zero que lorsque zero est l'extreme de la meme sorte de progression car zero a un autre zero d'une autre progression comme sont entre eux les tous dont les zero sont des parties infiniment petites

on peut calculer la peur qu'un homme doit avoir du tonnerre dans un carosse dans un batteau. le foudre par le nombre des lieux ou il peut tomber etc

la metaphisique est la theorie des arts ou des sciences les gens qui s'estiment a cause qu'ils ont une infinité de demies connaissances ont tort et n'a pas l'esprit plus etendu parce qu'il faut avoir l'esprit extremement etendu pour aller au bout d'un art puisqu'il est meme impossible d'y arriver enfin ce n'est qu'une fraude d'esprit un homme qui raionne dans le centre d'un cercle on ne scait si tous ces raions rassemblés equivaudront[3] a la metaphisique en ligne droite d'un homme qui scais parfaitement bien un art ou scais la mezure de l'un on ne sçais pas celle de l'autre et il a tort de se croire superieur

---

1. *Soit* barré et remplacé par existe, sans doute à cause du second *soit*.

2. On lit sur le manuscrit : *V. Gnatia ??* Il s'agit d'un géant. Mais on ne peut lire ni Goliath, ni Grath.

3. Sur le manuscrit, la dernière partie de la note, depuis *a la metaphisique*, se trouve à la page précédente. Outre le sens, le signe ∧ montre le rapport entre les deux textes.

grandeur ceux qui ont desiré les grandeurs comme le supreme bonheur et qui y sont malheureux sont semblable a ces animaux qui separé par un fossé d'un brasier qu'ils prennent pour le jour prennent le secousse s'elançe et si par malheur pour eux il sont assez fort pour sauter dans ce brasier y sont devorés.

les graces presidoient aux bienfaits a la reconnaissance a la liberalité l'éloquençe la sagesse la bonne graçe la gaité et ce je ne scay quoy qui fait plaire

la vertu leur nudité marquoit leur simplicité

gladiateurs ceux que l'on apelloit vetiarios etoient armés d'un filet ou il tachoient d'enveloper la tete de leur ennemi c'est pourquoy dans leur combats ils chantoient, non te peto, piscem peto, quid me fugis, galle; ils se battoient contre des gladiateurs gaulois qui avoient sur leur casques la figure d'un poisson

les graces etoient filles de bacchus et de venus

ou ne tombe jamais d'un endroit elevé qu'on ne se tue ni d'un haut employ

galien dit que nos temperaments[1] font nos mœurs

Dieu. voit nos projets nos combats nos édifiçes comme nous voions une fourmilliere quand il veut bien arrester ses regards sur la terre nos plus grands hommes sont de petites formies qui ont trouvez un brin de jonc pour passer une goute d'eau nos armées nos canons ces foudre s'il soufloit son soufle les jetteroit au dela des limites du monde ils erreroient dans l'espaçe a peine nos plus grands edifices luy paroissent sortir de terre les vastes abimes de la mer cette immense quantité d'eau il la tiendroit dans le creux de sa main et ses batailles

---

1. D'après le théoricien de *l'Homme*, c'est l'éducation qui fait l'homme. Helvetius accordera à l'éducation le plus grand rôle dans la formation des individus et des peuples. Il ne tiendra pour ainsi dire pas compte du tempérament. Et Diderot le lui reprochera, tout en reconnaissant ce que son système peut avoir de salutaire (*Réfutation du Traité de l'Homme*).

si sanglantes sont des guerres de formies ces masses enormes de rocher que nous transportons avec tant de peine par le secours de nos machines sont des grains de sable et l'univers entier n'est pour luy comme un [1] balon est pour les enfans

Pourquoy [2] Dieu ne lance til pas sa foudre sur les criminelles afin que leur corps embrasés serve de fanal pour eviter l'ecueil du viçe et pour leur faire cherir la vertu [3]

esce pour exerçer leur bras que les dieux lancent la foudre dans les deserts pourquoy ne le peuvent ils d'un tems serein [4]

Dieu veut que nous soions dans l'erreur et l'ignorançe de certaines choses puisque nous ne les comprenons pas car pour toutes les choses qui nous sont necessaires a la vie Dieu les a imprimé dans les esprits les plus vils comme dans les plus relevés [5] s'il vouloit que nous le connussions et qu'on ne l'offensa pas il n'auroit qu'a paroitre a nous tous les ans avec l'appareil qui l'environne en connoissant la timidité de l'esprit humain on sçait combien il y aurait alors peu de pechés ou bien il n'a qu'a changer nos ames [6]

le nom de Dieu est ecrit dans chaque etoile

Dieu ne nous demande qu'un peu d'encens et le sage ne luy demande qu'une mediocre fortune

1. *Qu'un* barré.

2. *Disent-ils* barré.

3. Ce n'est pas le doute tragique et désespéré de certains poètes-philosophes du dix-neuvième siècle. C'est un simple argument dépourvu de sentimentalité.

4. Cette note et la précédente sont barrées.

5. Helvetius soutiendra que les esprits communément bien organisés ont des aptitudes semblables. Ils seront différents suivant l'éducation, les circonstances, etc... Sans vouloir être un théologien, loin de là, il fera observer (et cela est contestable, d'ailleurs) que ce système n'a rien de subversif au point de vue théologique.

6. L'auteur des *Notes* est déjà un dialecticien audacieux qui ne s'effraye d'aucune idée, d'aucun argument. *Pour* (toutes les choses) au lieu de *de* ; *à la vie, tous les ans* ajouté.

je ne demande aux dieux que ton cœur et ma lire

les rois craignent du ciel ce que nous craignons d'eux

la lente vengeançe du ciel vien d'un pas sur

au pied du trone de Dieu sont enchainés la victoire et la dé-
faite qui s'efforce de s'echaper et qui attendent qu'il leur permette

le ciel semble souvent n'accorder le bonheur que[1] la médio-
crité

Dieu abbaissa les cieux il descendit un nuage sombre etoit
sous ses pieds il se cacha dans les tenebres et fit sa tente de
l'eau tenebreuze des nuées de l'air

Raison[2] il faut prendre garde de faire prendre un mauvais
plis a la raison car toutes ces operations deviennent ensuite
autant d'erreur il faut l'exerçer c'est une pierre d'aimant qui
perd sa forçe quand elle n'est pas proche du fer

il y a des hommes dont la raison timide n'oze se livrer
avec de grands raisonneurs et qui vivent avec des esprits
mediocres se sont des trafiqueurs qui n'oze se risquer en
pleine mer pour aller tirer les richesses du perou et qui se
contentent du commerçe d'une ville a l'autre[3]

quelque fond de raisonnement et de genie que l'on ait si on
ne l'exerçe il n'en resulte rien quoique les pierres et les bois
croissent d'eux meme il ne formeront jamais un edifiçe si l'art
ne s'en mele

et c'est a la raison a maitriser l'usage

la raison souvent enchainée par les passions n'a souvent
que la liberté non de leur faire des representations mais seulement de les guider avec plus d'art au crime

la raison disent les libertins nous a été donné pour servir
non pour combattre les passions. c'est leur conseillers et non
leur tirans

1. Lire, évidemment, *qu'à.*

2. Helvetius n'a jamais nié la raison, la faculté de comparer, de saisir
des rapports.

3. *Barré.* Dans la marge : de Locke.

si la raison n'arrête pas les passions[1] du moins elle modere leur course empeche les grands ravages et c'est un bien qu'un moindre mal. et si les sages y succombent du moins elle les soutient un peu lorsqu'ils tombent dans leur precipices et les empeche de se tuer

la raison ne peut souvent eteindre le feu qui s'allume aux etincelles de deux yeux brulants et le flambeau de la raison ne sert souvent qu'a augmenter l'incendie

la raison souvent n'eclaire que les naufrages

Notre raison est plus imparfaite quand nous revons la nuit ce qui fait que nous nous appercevons le jour que nos raisonnements sont sans suite la nuit ces que ceux que nous faisons pendant le jour nous paroissent plus suivis mais nous ne nous sommes pas apperçus la nuit que nos raisonnements etoient decousus mais comme nous ne nous appercevons pas le jour que nos raisonnements sont decousus parceque nous ne passons jamais a un etat plus parfait au lieu que du someil nous passons au someil c'est peutestre la un point de comparaison afin que les moins foux des hommes doutassent de leur opinion et de leur ridicule sagesse[2]

mefiez vous de cet homme qui citera a tous propos la raison et le bon sens[3] croiez qu'en general c'est un homme a vue courte

Demonstration ! il y a des sujets qui en sont incapables alors il faut comparer les probabilités

---

1. Helvetius fera dans son œuvre la réhabilitation des passions, sans jamais nier le rôle nécessaire de la raison ou de la loi qui doit la représenter.

2. On voit encore ici combien Diderot avait raison de comparer Helvétius à Montaigne, sans toutefois pouvoir assurer qu'il avait beaucoup étudié 'auteur des *Essais*.

3. Ilelvetius observe dans l'*Esprit* que le bon sens n'est pas créateur· Les grandes inventions et les grandes œuvres sont dues au génic, fruit des passions fortes.

Description de la peste (Lucrece tome 2ᵈ livre 6 page 446 a mettre en comparaison

Description des prossesions de cibelle lucrèce (vol. 1ᵉʳ, page 169 vers 160) pour en faire une prossesion comme celle de la ligue (on se tuoit en l'honneur de Cibelle tant l'erreur peut faire de mal qui ne peut meme pas etre utile aux autres hommes voila pourquoy l'on devoit abolir cette erreur et laisser subsister et honorer meme le fanatisme de la patrie parce que cela peut etre utile aux autres

Description de l'epilepsie a mettre en comparaison (vol. 1ᵉʳ page 282 lucrece

les desirs que l'impuissance de les satisfaire convertit en maux leur aiguillons qui pique coup sur coup ne nous donnent pas le tems de gouter le bonheur meme des choses que nous avons en notre puissance

quand deux demons de l'air portés sur deux char de nuées s'avancent pour se combattre

Description de lavarice de la volupte de la vertu de l'amitié de la flatterie de la calomnie de l'eloquençe[1] (le pere le moine galerie. avertissement page 12)

Descriptions du temple de l'amour de la faim de la renommée (le pere lemoine page 43)

Denis le tiran faisoit de mauvais vers et un poete luy demanda a etre plutost enterré dans une cave que de les ecouter

Democrite estoit un grand anatomiste[2]

on a dit que les demons craignent la fumée et la musique et la lumiere ombre de celle dont ils raionnoient dans le ciel

---

1. Ce sont des sujets et des chapitres de l'*Esprit*. Mais Helvetius les considère surtout par rapport à la société, aux états.

2. Il n'est pas impossible qu'Helvetius ait voulu écrire *atomiste* au lieu *d'anatomiste*. — Plus bas, *calcul* au lieu de *cacul* répété. L'auteur des *Notes* veut surtout penser et traduire sa pensée aussi fortement, aussi brillamment que possible. Le détail verbal et grammatical lui importe peu ici.

tertulian lactance justin le martir etc ont cru que l'amour etoit le premier péché des anges et qu'ils apprirent aux femmes a se parer d'or de diamant de fard et enfin a tendre tous ses filets ou nous sommes pris on dit encore qu'ils apprirent les sciençes aux femmes

il n'y a point de demonstration dans le monde puisque ce qn'on apelle demonstration n'a lieu que pour le cacul ors le cacul n'est rien qu'une verité exposée car quand je dis 2 et 2 font 4 je ne dis rien autre chose que 4 font 4 ors toute la geometrie et la sciençe des raports est dans ce cas. donc etc. et nous n'avons jamais que des invraisemblançes pour nous conduire etc. cet argument peut servir la religion[1]

Destruction la terre s'ouvre les palais tombent dans le gouffre avec bruit et en jettant une poussiere horrible qui couronne le gouffre[2]

pour Description d'une descente d'armée par des montagnes de l'ame vo. page 166 du 2 vol. de Petrone

Description de l'eau qui reserée dans les canaux d'un moulin chargée de placque d'écume tombe de haut et rejaillit en ecume blanche dont quelque goute frapée par le soleil fait des diamant sur une creme moussée[3]

Verité le zele pour la verité est souvent ce qui en ecarte le plus

la verité a souvent une roideur brusque et inflexible[4]

---

1. Helvetius n'a pas de parti pris dans ses démonstrations. Il est l'ennemi de tous les dogmatismes intransigeants.

2. Au 4ᵉ Chant du *Bonheur*, il y a la description d'un cataclysme, au moment où Ariman, dieu terrible, brise sa chaîne. Dans cette note, d'ailleurs, comme dans les suivantes, Helvetius se borne à mentionner des idées de *descriptions* colorées, impressionnantes, pouvant servir dans ses argumentations.

3. Helvetius est un écrivain très pittoresque, quelquefois trop. — *dont* au lieu de *qui* barré.

4. L'auteur de *l'Esprit* cherchera à l'atténuer par toute sorte de pointes fines et spirituelles.

il y a de verités fondamentales qu'en creusant et qui servent de bazes a plusieurs autres[1] ce sont de verités fecondes qui enrichissent l'esprit et qui semblables a ces feux celestes qui roulent sur nos tetes outre l'éclat qui leur est naturel et le plaisir qu'il y a de les contempler repandent leur lumieres sur d'autres objets qu'on ne verroit pas sans leur secours

l'esprit de l'homme est si borné qu'il luy faut meme de l'habitude pour s'accoutumer a conçevoir et a croire les verités demontrées et qui luy sont nouvelles il faut en quelque sorte que l'esprit se soit habituée a la considerer pendant un certain tems pour la croire tant l'habitude[2] peut sur nos esprits et tant l'on doit s'en mefier[3]

La verité ne croit pas dans les cœurs livrés a la dissipation du monde comme le bled ne croit pas bien parmi les epines

Socrate disoit aux atheniens qui l'applaudissoient. Si vous m'aplaudissez que ce ne soit pas comme a socrate mais par un témoignage que vous rendez a la verité

la vertu ne remet pas son bonheur a la vaine opinion du peuple elevé sur un trone ou ni les traits des envieux ni leur fleches ne peut atteindre elle est heureuse

l'inebranlable vertu regarde en façe les tirans

la vertu plus grande de mepriser les richesses que de les posseder

la vertu et la sagesse peuvent être ebranlées par surprize et non par reflexion

la vertu sur un char rapide mene a l'immortalité et au bonheur

cette ville est une plaine et on voit de superbes chenes ou

1. C'est ainsi qu'il partira de la sensation pour passer à l'idée du plaisir et de la douleur, des passions, etc...

2. Il n'y a point de chapitre spécial sur l'habitude dans l'*Esprit*, ni dans l'*Homme*, mais Helvetius apercevra son rôle dans la vie mentale et rappellera que l'habitude est une seconde nature.

3. Barré.

il y avoit d'orgueilleuse tour la seule vertu reste seule sans changer quand tout change

et l'echafaud ou monte la vertu devient un trone ou sa gloire etincelle

Epicure[1] est le seul des anciens qui humaniza la vertu philosophique

venus change la beauté de ma maitresse que ce corps doux et blanc de l'albatre se change en peau ecaillée cette belle croupe en que te de serpent etc non si je te demandois de la faire aussy affreuse qu'elle etoit belle la puissançe des dieux ne le pourroit les cnidiens avoient chez eux la belle venus de praxitele dont nicomede avoit voulu donner de quoy paier les detes de la ville qui étoient considerables

Pensées. elle ne veulent pas qu'on leur indique les objets quelles doivent poursuivre ni qu'on les detache de ceux qu'elles ont en vue on a beau faire elles prennent pour ainsy dire le mors aux dents et emportent l'homme malgrez luy

Peuplier hercule etoit couronné de peuplier a la descente aux enfers la sueur fletrit la feuille du coté de sa tete et la fumée la noircit de l'autre coté

Que le grand de la pensée produize le grand de l'expression[2]

Prejugés. souvent les peres avec leur succession nous laisse leur ridicules opinions[3]

Pretre ont les vit dans ces tems courir dans les villes le fer

---

1. Voltaire, en corrigeant l'Épître du jeune Helvetius *sur la Paresse et l'Orgueil*, appelait son attention sur Épicure dont il n'avait pas parlé en dissertant, plus ou moins poétiquement, sur divers systèmes philosophiques de l'antiquité.

2. L'expression n'existe, en effet, que par rapport à la pensée qui doit la faire naître. La beauté réelle et durable du verbe doit jaillir de l'idée ou du sentiment. Les Parnassiens ont probablement fait du tort à cette conception.

3. On reprochera à Helvetius d'avoir attaqué les traditions. Aucune nouveauté n'effraye le hardi philosophe de l'*Esprit*.

et la flamme a la main ne respirant que la mort et le sang tel
apres proserpine enlevée la furieuse ceres et ses nimphes couroient dans les campagnes mettoient le feu aux moissons et la
flamme compliçe de sa fureur perçer la terre pour en devorer
les racine

dans les étoffes le melange des soies tantost la docte main
represente la nature la flamme feconde qui donne a travers la
glaçe des airs [1] la forme et la couleur sur cette terre suspendue
ou l'on voit l'onde serpenter et qui peinte dans un instant de
mouvement semblent en avoir on attend toujours que ces vagues élevées retombent on croit les entendre bruir tant
l'oreille est la duppe de l'œil

le pretre enfermé dans le Dieu idole repondoit pour luy

les peintres qui mettent dans une couleur la joie la tristesse
la vie la mort la nuit la lumiere les desirs etc

le toucher peut a peine dissuader la vue

les peuples de libie adoraient les montagnes et les gaulois
les grands chenes

Prestiges le serpent qui se laissa mener d'epidauris a Rome,
le navire qu'une vestal tira avec un simple ruban. L'eau qu'une
autre vestal tira avec un crible l'apollon de tir que l'on fut
obligé d'enchainer a sa baze de peur qu'il n'alla se vendre au
camp d'alexandre (mettre tout cela en comparaison)

le fard du préjugé peint aux yeux vulgaires le vice en vertu
et la sottise en raison je sçais que je ne feroi revenir personne
mais je m'en gareray

en perse on fouettoit les robbes des grands qui avoient failli et
on abbattoit la tiare de ceux a qui on auroit du abbattre la tête [2]

---

1. *A travers la glaçe des airs* ajouté entre deux lignes et parmi toute sorte
de ratures.

2. Il y a dans l'*Esprit* une accumulation de faits empruntés aux peuples
de l'Orient, aux nations orientales, aux tribus sauvages. Ce sont les phénomènes, d'une réalité ou d'une interprétation souvent contestables, dont le
« physicien » des mœurs s'efforce de tirer les lois.

Peintre il y en a un qui mourut de rire en regardant le portrait d'une vieille qu'il venoit d'achever

Pleurs nous pleurons souvent[1] avec de veritables larmes des meaux ideaux et qui sont semblables a ces songes ou l'imagination a la lueur d'une lampe obscure laisse entrevoir des fantomes effraiants

Esprit un bon esprit voudroit appercevoir tout de coup les verités les plus abstraites et leur consequençes comme dans une course le conducteur d'un char fremit que ces chevaux n'attaquent pas le but aussy vite que sa pensée

il y a peu d'esprit qui voient les objets eloigné tels qu'ils sont comme les tours quarrées paroissent rondes de loin

il y a des esprit qui pensent differemment selon les dernieres personnes qui leur ont parlé semblables a ces etoffes qui reflechissent diverses couleurs selon que les raions du soleil frape tantost le rubis tantost l'asur l'emeraude etc

que mon esprit force les barrieres de l'erreur[2]

Epicurien qui disoit en mourant

vixi et quem dederat cursum fortuna peregi

l'écrit ne viellit point ou le vray etincelle[3]

Poeme epique les miracles s'y feront par les intrigues des pretres et les plus grands miracles les faire faire par des fourberies en voulant imiter ceux de l'eternel et dire alors ce que c'est qu'un vray miracle au dessus des forces de la Nature

trouver le moien d'y peindre les fetes des anciens et chercher les historiens qui en parlent[4]

---

1. *Souvent* ajouté.

2. Ces quatre notes sont barrées.

3. L'amour de la gloire, et de la vérité, et de faire « étinceler » la vérité est manifeste chez Helvetius.

4. Encore un projet. Il sera réalisé non dans un poème épique, mais dans le livre *de l'Esprit* où la description des miracles dus à l'imposture des prêtres et à l'imbécillité du peuple tient une place réelle et considérable.

l'interest[1] afila et trempa les epées fit sortir le tonnere des colonnes de bronze

l'esprit anime la statue de la beauté c'est la le feu de promethée

Esprit ont peu juger de la sagacité par la plus grande promptitude avec laquelle un homme entendra une proposition difficile qu'un autre. pour en etre plus sur il faudroit que l'un et l'autre n'eut pas plus de choses analogiques pour comprendre cette chose la que l'autre ce dont il est impossible de s'assurer. Ainsy tout compris il faudra s'en tenir a la vivacité de la perception n'importe qui l'occasionne

et l'on ne doit juger de l'étendue de l'esprit que par la quantité de pensées et d'inventions que deux memes hommes auront tirés de la meme chose (abstraction faite comme cy dessus des choses analogiques qui les conduiront a des decouvertes detail ou l'esprit humain ne peut entrer[2]

en general on n'estime en fait d'esprits que les 1ers de la sphere ou l'on est ainsy un sot ne peut estimer qu'un homme un peu moins sot que luy il ne verroit pas un homme d'esprit c'est pour luy comme une masse dont son œil ne peut embrasser l'etendue[3]

l'esprit decide hardiment et la sottize en hezitant dans les ouvrages d'esprits

le grand esprit sent plus les beautés que les défauts il n'y a que les petits esprits qui craignent les hardiesses dans les ouvrages d'esprits

Helvetius ne tarit jamais sur le chapitre des superstitions. De là, dans le texte et les notes nombreuses, tant de fakirs, de brahmines, V. Disc. II, ch. xiv, ch. xix, etc..., etc...

1. On sait la place qu'Helvetius donne à l'intérêt dans sa doctrine, l'intérêt étant associé à la recherche naturelle et nécessaire du plaisir.

2. Helvetius traite successivement dans l'*Esprit* de l'esprit fin, de l'esprit fort, de l'esprit lumineux, de l'esprit étendu, etc...

3. V. *de l'Esprit*, Disc. II, ch. ii de l'esprit par rapport à un particulier (t. III, p. 24 et suiv.).

tartare radamante jugeoit les asiatiques Eacus les europeans et minos avec un sceptre d'or levoit les difficultés que ceux cy ne pouvoient lever

trace c'estoit la nation qui versoit le plus aisement le sang quand ils etoient echaufés par le vin

traductions

pour bien traduire un ouvrage[1] il faut une 2de fois l'enfanter dans sa langue il suffit que dans le portrait il y ait un air de ressemblance

il faut rendre non mot pour mot mais beauté pour beauté

Charles 7 imposa le 1er des tailles sans le consentement des etats generaux a quoy consentirent les seigneurs pour certaines pensions

traités les Rois ne les peuvent garder celuy qui accorde la paix le fait par force de craintes que ses peuples fatigués de la guerres ne se revoltent ou que les prinçes etrangers ne prennent le parti du vaincu. Le vaincu le fait de son coté par force ainsy ils sont toujours lorsque l'occasion se presente en droit de faire la guerre. Car il y a fort peu de traités de bon grez[2]

Almanzor prinçe maure sujet de tragedie[3]

Alcée de mitilene grand poete lirique se met a la tete des exilés et chassa de sa patrie les tirans qui la desoloient

ames les anciens croioient qu'elles conservoient apres la mort leur inclinations

---

1. Helvetius proposa, un jour, à Hume de traduire un de ses ouvrages tandis que le célèbre Ecossais traduirait le sien. L'*Esprit* parut peu après à Londres et il renonça à ce projet.

2. Le manque d'illusions dont on peut se plaindre chez un pur moraliste devient de la clairvoyance chez un politique. V. à ce propos les curieuses lettres inédites d'Helvetius concernant la mission diplomatique dont il se chargea en 1765, à son retour de Berlin, en vue de réconcilier le grand Frédéric et la cour de Versailles (*Helvetius, sa vie et son œuvre*, appendice I).

3. L'un des premiers ouvrages d'Helvetius fut une tragédie : *la Conjuration de Fiesque*, qui fut montrée à Voltaire et dont il ne reste rien.

acheron fontaine de l'arcadie

atlas mont d'afrique

argent ce qui fait son poix et l'employ qu'on en fait

les brebis a athenes et a torente avoient la laine si fine et si belle qu'on les couvroit de peaux pour la conserver

arsenaux c'est la que se fabriquent les armes a travers des tourbillons de flammes on voit rouler en torrents les metaux embrassés les carquois du tonnerre aussy terrible que luy [1] qui se petrifie dans l'air si trempent et qui en les formant on deja causés l'horreur presage de celuy qu'il doit inspirer

on voit pendre aux murs des arsenaux l'horreur la desolation les plaintes les cris sous la forme de coutelas de baionnette etc

les bombes. La mort les bras ouverts [2] avec des ailes les emportent dans les airs etc Decrire et se precipitent avec elles [3]

la mort vole d'une aile si rapide que rien ne peut l'arreter et avec sa faux elle abbat en passant souvent plutost les tetes plus elevées des rois

elle fuit devant le brave qui va au devant d'elle et court et attrape avec ses jambes decharnés le lache qui la fuit

la mort quelquefois va etrangler chaqu'un dans son lit quelquefois pour en fraper plusieurs a la fois et les assemblent en armees et lorsqu'il croient ne s'assembler que pour se venger c'est la mort qui a voulu se donner ce spectable sanglant

---

1. *Aussi terrible que lui,* ajouté.

2. *Les bras ouverts avec des ailes,* ajouté.

3. Helvetius fera dans l'*Esprit* le procès des guerres nécessitées par des intérêts différents. Il conçoit un patriotisme éclairé qui peut se concilier avec l'amour de l'humanité. Mais, sur cette question comme sur beaucoup d'autres, il n'a pas non plus d'illusions. Malgré l'amertume et le dépit du citoyen qui désespérait de son pays rongé par le despotisme, il fut patriote, dans le meilleur sens du terme. V. *de l'Esprit,* Disc. II, ch. xxv. De la Probité par rapport à l'univers, t. III.

la mort qui prend toutes sortes de formes vole incessamment autour d'eux

Moscovie les femmes tiennent a honneur d'etre battues de leurs maris et se croient parées de leur meurtrissure

Monime a son bandeau Roial qui se rompit lorsqu'elle voulut se pendre. Malheureux tu as été assez fort pour me rendre malheureuse et tu n'a pu m'affranchir des meaux que tu m'a fait (a rendre cela autrement)

asiaticus mourut avec constance[1] et soupa joieusement il vit son bucher devant luy. filippe 2^d fils de charlequin au lit de la mort fit apporter les 2 coffres ou il devoit etre ensevelis et dit de sang froid. Antoine vous trouverez dans ma garderobe une pieçe de brocart or et noir avec des passements d'or faites en couvrir le bois et vous le garnirez en dedans de satin blanc puis vous mettrez le cercueil de plomb je ne veux point etre ouvert ni embaumé mais envelopé dans un drap avec ma chemise[2]

quand on fait batir de superbes tombeaux aux morts on s'ote sans leur donner rien[3]

ce que l'on prend pour mouvement d'impulsion n'est que mouvement d'attraction car une boule en frapant une autre n'agit pas sur elle en raison des surfaçes comn.e cela devroit etre s'il n'y entroit pas de l'attraction dans le mouvement d'impulsion mais il agit en raison des masses

la terre autrefois couverte que de legere verdure est presentement affaisée sous le poids de nos palais[4]

le marbre la foule avec orgueil cependant elle ouvre ses flancs pour le superbe qui l'a foulée aux pieds ou porté sur de superbes chars

1. *Fort joieusement* barré et remplacé par *avec constance*.

2. Souligné à partir d'*Antoine...*

3. Ailleurs, Helvetius dit que ces superbes tombeaux sont des monuments de l'orgueil plutôt que du souvenir.

4. Comme on le voit ici et dans tous ses ouvrages, la question du luxe a hanté Helvetius en même temps que Roussseau, et constamment.

et les poutres sont cachés sous l'or

le tems dont la dent mache le fer et les piramide et qui ne vit que de la mort qu'il donne

le tems abbat egalement avec sa faulx le superbe pavot et l'herbe rampante[1]

temple je n'iray point sur une autel d'or offrir des offrandes a la grandeur et au credit plutost que d'aller en offrir sur une autel de gason a la vertu et a l'esprit ni le palais d'or de la fortune a l'humble toit de la vertu

la terre est ébranlé jusque dans ses fondements et le trone de pluton qui est au centre est renversé il craint que neptune suivi des mers n'entre dans son empire

la terre ce vaste egout d'ou les crimes comme des odeur empoisonnées[2] s'elevent a dieu

Patrie chaque particulier moderé dans son bien etoit riche autrefois de la gloire de sa patrie

Parthe leur empire dura 480 sous 29 rois dont le premier fut arsace et le dernier artaban vaincu par artaxerxe persan l'an 228.

Platon nous apprend que l'on disoit communement que ceux qui ne jouissoient pas des plaisirs du corps sont indignes de vivre

sapho disoit a sa mere qu'elle ne pouvoit plus travailler a la tapisserie depuis qu'elle etoit amoureuse d'un jeune homme

la pauvreté sans azile[3] est plus meprisée que le crime Riche[4] d'avoir moderé mes desirs pourvu que le necessaire avec ses bras forts ne me fasse point plier la tête devant les grands je seray plus heureux et plus riches qu'eux qui sont souvent gueux au sein de l'abondançe

---

1. Il y a dans les notes de ce genre plus d'idées et d'images que de sentiments.

2. *omme des odeur empoisonnées* ajouté.

3. *Sans azile* ajouté.

4. Cela est souvent trop vrai.

Passions cruellement indulgent a luy meme celuy qui satisfait ses passions nourrit le germe de ses malheurs et fait couler dans ces veines cette liqueur de feu qui les brule [1]

la sage mediocrité ne va ni deguenillée ni parée d'un habit d'or

il sembloit que les plaisirs eussent pris de nouvelles ailes pour aller plus vite et que le soleil precipita la course de ces chevaux

les passions s'agitent sans cesse ne font que s'elever et se precipiter

les passions se disputent un cœur tel que les vents ou les vagues se disputent les debris d'un naufrage qu'ils rendent enfin au rivage

un homme aussitost qu'il eteint sa passion ne jouit point de sa tranquillité le foudre apres etre tombé sur une montagne en fait encor longtemps fumer le faîte

les conquerans ont enchainés les peuples le luxe a retressi les fleuves mais il n'y a que la sagesse qui enchaine les passions qui conserve leur violence dans des prisons et dans le cœur des infortunés accablés sous les chaines

tel qu'on voit des chiens se disputer entre eux les morceaux du [2] cerf qu'il ont forçe et qu'ils dechirent ainsy les passions se disputent l'une a l'autre le cœur

l'homme qui a beaucoup de passions a la fois [3] n'en a au-

1. Helvetius est beaucoup trop « sagace », suivant le mot de Diderot, pour croire que le bonheur consiste à satisfaire sans frein ses passions. Mais est-ce un motif, s'il convient de raisonner avec elles, pour vouloir les supprimer ? Cela, d'ailleurs, est impossible. Elles sont intimement associées à la vie.

2. *Les morceaux du* ajouté.

3. Le tout n'est donc pas d'en avoir beaucoup, mais d'en avoir une très grande et très noble. Helvetius montrera longuement dans ses ouvrages que le génie et l'esprit sont les effets de la force ou de la vivacité des passions. Le rôle du législateur consiste à savoir récompenser celles qui sont favorables à l'intérêt commun.

cune ainsy les astres attirés egalement de tous cotés roulent dans les plaines de l'air sans se jetter les unes sur les autres

Pais il y a des pais ou les hommes veulent passer pour femmes ou un gentilhomme n'oze se montrer ou il est honteux de n'etre pas roturier

. dans un pais certaines vertus sont trainées sur un char de triomphe qui sont dans d'autres trainés en tombereau

Quelque irritée que soit la mer elle ne s'eleve point audessus de ses rives mais les passions se debordent partout les alpes n'arretent point l'ambition de pirrhus et les gouffres roulants des mers n'arretent point colomb

les passions conjurées contre la raison se tenant en bataillons serré s'avancent avec fureur pour detroner la raison et trop souvent le succes recompense leur efforts

laconie aujourd'huy le pais des magnotes en morée s'etendoit depuis le cap matapan sur les golfes de la colochine et de napoli on pechoit dans le premier la pourpre de laconie

les lamies il y en eut du tems d'apollonius qui attiroient les jeunes gens par de faux corps et les devoroient apres cette fausse jouissance

flatterie ou le crime usent de periprazes [1] dans leur discours il n'y a que la vertu qui est concize dans ces discours

les petits rois des indes disoient pour flatter alexandre qu'ils n'avoient jamais fait qu'entendre parler de bacchus et d'hercule mais que ils le voioient luy [2] de leur propres yeux

un roy qu'on voit a toujours pris la place d'un dieu qu'on ne voit pas dans l'ame d'un flatteur

faune on croioit vulgairement qu'il enveroit les spectres et les fantomes qui troubloient la nuit le repos des enfants

Bacchus ce Dieu n'étoit que notre moize [3] ce passage d'euripide est pris d'après son histoire lorsqu'il dit une des

1. Lire, naturellement, périphrases.
2. *Luy* ajouté.
3. Lire : Moïse. On voit qu'Helvetius se complaît à ces exemples très

bacchantes a frapé de son tirse le rocher qui en meme tems a jetté des sources d'eaux une autre n'a pas plutost jetté son baton contre terre que dieu en a fait couler du vin celles qui voulerent avoir du lait n'avoient qu'a egratigner seulement la terre avec le bout de leur doigt les tirses envirronnés de lierre produisoient des raions de miel

ainsi des sçavans pretendent qu'il n'y avoit point d'autres hercule que josué

les anciens ont dit que bacchus descendit aux enfers parce que moize fut 40 sur la montagne et qu'on le recu comme un homme ressucité. On donné des cornes a bacchus comme a bacchus ou a joseph que l'on adoroit en Égypte sous la figure d'un bœuf a cause qu'il avoit retabli l'agriculture

Des ivrognes a Siracuse crurent a table qu'ils etoient sur la mer prets a faire naufrage ils jettoient les meubles par la fenetre croiant decharger leur vaisseau ils prenoient les passants pour des tritons et quelqu'uns croiant se jetter a la mer se jetterent sur le pavé[1]

bacchus quelquefois dans ses bonnes humeurs fait mettre nues les nimphes de sa suite et souvent sans delicatesses leur arrache des faveurs

funerailles chez les romain un joueur de flutte jouoit des airs lugubres sur le ton phrigien et chantoit les louanges du defunt des pleureuses faisoient retentir l'air de leur soupirs on apelloit le mort plusieurs fois on luy disoit ses adieux on faisoit des aspersions on bruloit des odeurs et on donnoit un repas a la famille

frappants, en effet, dans l'histoire des religions qui, soumises à une interprétation rationnelle, peuvent ouvrir à la pensée des horizons nouveaux. V. les notes suivantes, dans le même esprit.

1. Helvetius cite avec un malin plaisir toutes les anecdotes piquantes qui montrent combien l'esprit humain est sujet à l'illusion et à l'erreur. V. dans l'*Esprit* le conte du curé et de la dame galante (t. I., p. 220, disc. I, ch. II : des erreurs causées par nos passions) et beaucoup d'historiettes de ce genre.

la fureur qui n'a pour sang qu'une bile embrasee

la fureur inventa la sciençe des tourments

la fureur tira le fer et le poison de la terre s'arma de glaive et de flambeaux

volupté souvent les voluptueux au milieu des plaisirs ont pendu sur leur tete l'epée que Denis fit pendre sur celle du philosophe Damocles

filles formez vous a l'art de seduire et d'enchanter vos amants[1] en attendant que vous puissiez contenter leur passions [2]

chaque instant de plaisir est un present des dieux[3]

la volupté n'est faitte que pour la jeunesse et on voit avec horreur une vielle sans dents aux yeux eraillés et etincellants tenir sur ses genoux un jeune homme nu [4] dont le corps est bien taillé ferme et blanc et l'agace comme une lascive colombe et regarde avec des yeux humides toutes les belles parties de son corps[5]

pour se promettre toujours de jouir demain de la vie sans en jouir aujourd'huy et remettre ainsy chaque jour sa vie au lendemain

le guerrier et le chasseur prefere le lit d'épines de Diane aux roses de venus

vos faveurs me font un Dieu[6]

que les Dieux regne par la crainte tu regneras par l'amour

---

1. *Et d'enchanter vos amants* ajouté.

2.
> Des nymphes, en chantant l'amour et sou délire,
> Trop jeunes pour jouir, s'exercent à séduire.
>
> (Le Bonheur, ch. I, t. XIII, p. 17.)

3. C'est un joli vers d'un épicurisme savoureux et du plus pur XVIIIe siècle. Mais est-il d'Helvetius ?

4. *Nu* ajouté.

5. On voit de quelle vigueur pittoresque est capable ce peintre réaliste des passions.

6. Ces demi-confessions des amants d'autrefois, en leurs vertiges évanouis, gardent une poésie gracieuse ou mélancolique.

flore parfume l'haleine des vents

heureux qui tient venus pamée dans ses bras

verus aime tant les Roses quelle en laisse eclore toujours une sur chaque joue[1]

sa bouche parfume l'amant colé sur sa bouche

je veux que ce soit un saut qui me mette dans le tombeau et non pas qu'on m'y traine

ses yeux sont pleins d'une brillante humidité

que l'amour et les graçes creusent de petits troux sur son beau corps

un anneau de rosé soutient les cheveux des nimphes et si la vitesse de leur course faisoit craindre de ne les pas attraper la langueur de leur yeux faisoient croire qu'elles se laisseroient attraper leur yeux parloient pour leur bouches qui persuadoient tous ce qu'elle vouloient que les ris ouvroient et sur lesquelles les desirs avoient envie de cueillir un baiser[2]

les cheveux d'un noir plein de feu

la plus belle couleur sont les roses de la pudeur

heureux qui parfumé d'essençes tient sa maitresse entre ses bras qui la contemple ecoute ses soupirs de pamoisons alors le plaisir entre avec force dans l'ame par toutes les portes des sens. Le plaisir est le seul employ de la vie[3]

1. Si cette mythologie risque de devenir agaçante ou même ridicule, il faut reconnaître qu'elle est aussi féconde en inventions exquises.

2. On voit dans le chant I du *Bonheur* les Nymphes folâtrer parmi les Ris, et le tableau léger et mythologiquement érotique de l'amour triomphant (t. XIII, p. 18). En parlant de la Mollesse, il dit :

> Sa coquette pudeur aux transports des amants
> Oppose ces dédains, ces refus agaçants,
> Ces cris entrecoupés, cette faible défense
> Qui, flattant leur espoir et provoquant l'offense,
> Au désir enhardi permet de tout tenter...

Plus loin on lit :

> Modeste dans ses vœux, il demande un baiser
> Qu'elle laisse ravir et feint de refuser.

3. Quelle ardeur, quelle passion le jeune Helvetius avait pour l'amour et les plaisirs des sens!

telles les nimphes fendent les eaux de leur belles gorges et brillent sur les mers comme la fleur du jasmin sur ces feuilles tantost elle nagent sur le ventre et exposent leur belles croupes aux yeux des amours ou etalle sur le dos le [temple de la volupté aux yeux de l'extase[1]]

les epines ne font pas craindre de cueillir une belle Roze

les Roses ne sont jamais si belles que lorsqu'elles ont epanouies leur sein aux Raions du soleil et les belles a ceux de l'amour

fetes celles de Ceres se celebroient sous le nom d'Elusiana les candiots avoient apportées a Athenes on etoit obligé de cacher le secret a peine de deshonneur

la guerre a encloué ses canons a brizé son epée la prevoiançe ellememe veille sur notre bonheur songeons donc qu'a en jouir nos cris d'allegresse feront les eloges de notre Roy

jaime mieux avoir en ma puissançe le corps de ma bergere[2] que l'empire du monde les caresse de la fortune ne valent pas les siennes un baiser ravi vaut mieux qu'un Roiaume conquis les conquerans fondent leur bonheur sur le malheurs du monde entier et mon bonheur n'est fondé que sur la felicité et les plaisirs[3] de ma bergere

fetes magnifiques que claudius donna a Rome (taci. pag. 308 : v. 3)

fleuve D'adonis ou l'on dit que pendant les fetes d'adonis elle se teint de sang a cause qu'adonis fut tue dans les forest de sa sourçe cela viens de ce qu'il y a de grandes pluies a peu pres dans ce tems qui entrainent des terres rouges dans le fleuves on pretend qu'a sa mort les amours se couperent les cheveux sur son tombeau

---

1. L'auteur a écrit successivement *le temple du plaisir, de l'extase — aux yeux de la volupté* qu'il remplace par « *aux de l'extaze* ».

2. *Posséder le cœur de ma maîtresse* barré.

3. *Et les plaisirs* ajouté.

courage et la fermeté sur un char ou est enchainé la victoire marche a la tete de cette armée

plus courageux apres sa lacheté. le lache n'ira jamais affronter la mort la laine teinte ne redevient pas blanche ni la vertu corrompu ne peut redevenir pure (changer la comparaison qui est toute d'horace[1])

le courage d'un seul homme raffermit souvent un état cartage est prete des[2] forçée elle alloit ne plus etre Xantipe arrive et rome chancelle

couleuvres. ou serpents pline en parle d'une sorte nommé jaculos qui montoient sur les arbres et qui se dardoient comme des fleches sur les passants

combat mars se plait a la clarté que repend les armes il aime a voir guerrier qui est blessé et que combat toujours et les chevaux couvert d'une sueur de sang

la colere qui ne s'epouvante ni du fer ni du feu ni du courroux de la mer ni du foudre

c'est a la force de l'ame a corriger le malheur

cette femme homme oza mettre la pointe du poignard sur son sein qui ne devoit servir qu'a ravir un amant et a reçevoir ses embrassements ou d'un bras ferme et d'un œil tranquille elle prit la coupe de poison qui coulant dans ses veines devoit rouler le feu elle prefera la mort plutost que de servir de decoration au char du vainqueur

semblable a cleopatre qui demandoit a antoine l'empire romain pour recompense de ses debauches

la mort devançe l'eclair (fusil) deux rangé de tonnerre (canon)[3] le cœur est perçe aussitost que les yeux son eblouis

toute la terre l'adore et caton seul le brave

---

1. On voit avec quel soin Helvetius, peintre de talent, prépare ses couleurs.

2. Pour d'*être*.

3. Voilà bien le souci de « la noblesse » dans les termes sous prétexte d'être poétique !

apres le courage rien de plus beau[1] que l'aveu de la poltron-nerie[2]

la fortune d'auguste fit plus d'effet que la valeur de brutus a philippes

et le fleuve asservi roulle des ondes moins orgueilleuse la breche sous les autels de mars

semblable a ses torrents qui engraissent les pais qu'ils ravagent Disparoisse vertu meurtriere

a la cour les yeux et le geste mentent avec le cœur

et la cour en cour et turlupin foisonne

le ris dedaigneux de la cour se moque de la vertu[3]

la fureur ou la disgrace y font les vertus

l'interest n'y parle que pour luy

tient sa valeur captive aux pieds d'une maitresse

et caton en mourant apprit aux romains a vivre et a mourir libre

c'est la promptitude de l'execution et la valeur et non les reflexions et la prudençe qui font reussir les conjurations

Muzes. elles adoucissent les mœurs et porte dans la societé cette vertu indulgente et candide qui en fait l'ame

elles sont filles de [.] Calliope l'ainée marche a la suite des rois

la douleur le chagrin et les soucis qui volent pendant le jour sur differents objets se ramasse la nuit dans le cœur du mal-heureux attentif a ses meaux

les fidenois ne pouvant resister aux romains sortirent comme des furies armés de flambeaux et de bandelettes

---

1. *Bravu* barré et remplacé par *beau*.

2. Helvetius sait être aussi fin que brutal.

3. Le virulent pamphlétaire de l'*Esprit* montrera que, dans les régimes despotiques, on peut nommer la vertu (c'est-à-dire, pour lui, le souci de travailler au bien public), mais qu'en réalité on ne fait rien pour la prati-quer; on la méprise, car elle est exécrée, étant contraire à l'intérêt du des-pote et des privilégiés (Discours IV).

filosophe Socrate[1] fils d'un statuaire fondateur des academiciens

les stoiciens[2] disoient qu'on etoit riche quand on jouissoit du ciel et de la terre avec une entiere liberté

les sistemes des anciens filosophes sentent souvent l'enfançe du monde

loin ces philosophes stoiciens[3] qui vouloient que leur disiple dormit aussy bien sur un lit d'epine que sur un lit de Rose

l'echafaut le trone du stoique

seneque veut que le sage ne s'incline point pour recevoir les caresses de la fortune et qui ne fuient point devant sa colere

il vivoit en philosophe avec le revenu d'un prince[4]

seneque ayant eu peur sur mer un plaisant dit qu'il n'etoit encor que sage de terre

les stoiciens etoient des capitans de vertu[5] ils defioient dans l'ecole la cruauté inventive des tirans

---

1. Franklin qui voulait épouser Mme Helvetius lui racontait spirituellement qu'il avait vu, en rêve, le philosophe se promenant dans l'Elysée en compagnie de Socrate. Comme Socrate, et l'on peut faire ce rapprochement curieux sans tenter un parallèle déplacé, Helvetius enseigne que l'homme ne se connaît pas, il est déterministe, il procède par accumulations d'exemples et d'idées, et par déduction de concepts, il veut créer une science morale, etc...

2. Ici, comme dans l'*Epître sur la Paresse et l'Orgueil*, comme dans le *Bonheur*, Helvetius ne leur ménage pas les épigrammes. Tout ce qui est contraire à la nature lui est odieux.

3. Dans le IIe Chant du *Bonheur* on voit un « stoïque » qui devant un bûcher perd courage (t. XIII, p. 41).

4. Le Sage de Voré s'appliquait à vivre ainsi.

5. Lors de l'affaire de l'*Esprit* condamné par le Parlement et l'Eglise, Helvetius signa les rétractations qu'on lui demanda pour se sauver et sauver le censeur de son livre. Ce fut plus honteux pour les persécuteurs que pour le persécuté — qui avait conscience d'avoir dit la vérité, si brutale fût-elle.

la faim qui met un frein au chevaux sauvage qui du haut
des nues fait descendre les aigles qui enchaine les lions met
les taureaux sous le joug n'a pu ebranler certains stoiques
mais c'etoit fanatisme et non pas vertu

et dix ans de philosophie font naufrage contre un regard

Richesses Épicure disoit veux tu estre riche ne songe pas a
augmenter ton bien diminue seulement ton avidité [1]

le riche a beau elever une piramide d'orgueil jusque dans
les nues il n'eleve pas pour cela plus haut l'ediçe de son bonheur la mort a tendu autour de la terre ses noires et vastes
filets ou tous les hommes se prennent l'or est donc inutile si
on ne peut les troquer ni contre la santé ou la paix intérieure de
l'ame sous leur cuirasse d'or loge souvent la sottize et le crime

la beauté l'esprit et la vertu ne se donnent plus en dote [2]

la richesse fait faire les crimes a l'indigençe

le chagrin et l'inquiétude tend ses superbes pavillons vis a
vis les palais des Rois

le manteau de la mediocrité bien oité pare quelquefois
mieux des injures de l'air que les manteau a filagramme d'or
de la richesse

les richesses esclaves du sage sont reines du fou

venus ne s'evanouit qu'entre les bras des plaisirs

Dieu crea venus [3] pour la felicité des Dieux et nous laissa iris
je le quitte [4] de venus

les vents qui ont détaché les iles du continent et ouvert aux
mers l'entrée des terres

venus entrelace le mirte et les roses pour en faire des bos-
quets aux amours

1. Fermier-général (1738-1751), Helvetius sut se borner, encourager les
justes revendications et se montrer humain.
2. Il trouva la beauté, l'esprit et la vertu réunis chez Mlle de Ligneville,
très noble et très pauvre, qu'il épousa en 1751.
3. La beauté barré et remplacé par venus.
4. Je le tiens quitte.

venus quel est ce jeune homme dont le corps est si blanc et les membres si bien proportionné qui folatre avec vous sur un lit de Roses la volupté et l'ivresse s'exhale de votre corps vos cheveux noué par les graces tombent sur ces belles croupes ou les amours ont creusés des autres ou ils se retirent [1]

quand venus se cache dans un cabinet en badinant avec adonis les ris qui la suive toujours la trahissoient et la livroient dans ses bras

la vertu comme la grenade se courronne en s'elevant

venus que l'on a trempé dans les fontaines du printems

la lascive liçence la blancheur de themire son lascif engoument son lubrique visage m'ont enflammé l'amour a quitté paphos et s'est rué dans mon âme et y fait bruler ses autels

tour a tour et minerve et venus

venus la jeunesse te doit ses grâces tu la dépouille de sa férocité pour luy donner de l'humanité

que tous les jours soient des fetes de venus ou nous nous enivrerons d'amour

que Dieu me preserve d'habiter avec ceux qui ne connoissent pas les peines de l'amour et de vivre avec des mœurs rudes et sauvages [2]

apres que venus eut essaié dans un miroir tous les airs que l'on perd bientost quand on folatre avec un amant

venus tient embrassé son amant comme un liere qui s'eleve en embrassant un chene

les yeux humides que morcelle le plaisir

Mais ce n'est pas a un malheureux amant a chanter venus et mes vers trop forts n'ont pas assez de tendresse

sa farouche vertu ne se dementit point

les vers tendres de sinonide furent apellés des larmes

1. Débarrassée de l'appareil pompeux et monotone des alexandrins, cette mythologie amoureuse ou galante a plus de grâce et de lascivité.

2. Helvetius est parti de l'épicurisme, de la notion de plaisir et de bonheur qu'il associa, peu à peu, et de plus en plus, à celle d'humanité.

la vertu n'est que la sagesse qui fait accorder la passion avec la raison et le plaisir et le devoir [1]

la vertu ne parle pas comme le peuple

le peuple est souvent chez les grands

a travers une gaze claire et deliée on voioit la belle forme de ses membres

venus veut souvent qu'on luy arrache ce qu'elle brule de donner et elle détourne ses yeux brulants et son beeau col de marbre pour lui ravire un baiser [2]

la vertu fait servir a la parure des temples et des autels ce dont la vanité pare les idoles du monde

amour la patience de l'amour est inebranlable

giton tantost amant il soupire au genou de quelque nimphe et tantost il voit soupirer aussy le vilain satire je veux bien que votre maitresse vous reçoive bien mais recevez bien le satire

heureux l'amour que le reproche ne trouble jamais

l'amour-propre aveugle donne pour se conduire la main a l'avarice au front elevé et rude

l'indiscretion transparente

jeune [3] lidie qui dedaignez les amant songez qu'on ne fait sa cour aux fleures que pendant le printems et que l'orsqu'elles sont fanées elles sont foulées aux pieds.

astronomie a qui le firmament [4] n'ont pu par son immense distançes cacher son eloignement ni ses mouvements vastes grands mais inapercevables aux autres a qui la terre a été obligé de decouvrir sa forme

l'amour bat des ailes et s'envole a l'aspect de la vieillesse

1. L'auteur de l'*Esprit* et de l'*Homme* souhaite que le législateur s'inspire sans cesse de ce principe.

2. V. dans le *Bonheur*, Ch. I, t. XIII, p. 16, 17, 18, etc... des inspirations et des expressions analogues.

3. *Jeune* ajouté.

4. *Le Firmament* remplace *les astres* barré.

elle fuit l'amour comme une jeune biche en bondissant [1] dans les campagnes fuit le cerf quand le tems du rut n'est pas venu mais laissez faire venus bientost viendra le tems des desirs

vous en brillez davantage quand votre beau visage est animé par le combat avec un amant livré vous donc toujours a l'amour au moins par vanité d'etre toujours belle

l'univers fait sa loy des desirs de l'amour

l'amour qui trouve dans vos yeux la source des feux qui pourroient bruler l'univers et venus rient de vos inconstances et de vos parjures c'est une grace aux belles des parjures c'est un don que la beauté que le ciel ne donne pas pour qu'un seul amant en jouisse et ceux que vous rebutez et qui jurent de vous plus aimer le jureront toute leur vie [2]

vous voiez le tremblement des membres [3] des chevaux a la vue d'une caval cherie

les tonneres en boule de feu ne se font pas toujours entendre pendant les été la mer ne va pas toujours baigner la lune de ses ondes mars sur son char d'airain ne parcourt pas toujours la terre mais le feu de l'amour me consume toujours [4]

otez moi donc mon cœur pour m'empêcher d'aimer [5]

d'un tersite l'amour fait un alcide [6]

jupiter par amour a mugi sur la terre a volé dans les airs

l'amour s'élance des cieux dans l'air qui le reçoit et s'en-

---

1. *En bondissant* ajouté.

2. On voit la place que tient l'amour, le désir, dans ces *Notes*. Elle est aussi grande dans l'œuvre et la philosophie d'Helvetius.

3. *Des membres* ajouté.

4. Grimm, dans sa *Correspondance*, insiste avec complaisance sur la violence du tempérament amoureux d'Helvetius.

5. *Les Notes* contiennent quelques beaux ou jolis vers d'amour.

6. Helvetius exalte l'amour non seulement comme une cause de plaisir, mais encore comme une cause d'héroïsme. C'est un thème qui sera développé dans l'*Esprit* avec maint exemple à l'appui.

flamme autour de luy en le reçevant et en traversant les frimats glaçés il fait luir en passant ses beaux feux

l'amour seul a des sacrifices en tous lieux

l'amour se precipite au fonds des mers et son flambeau ne s'y eteint pas. il ne faut qu'un etincelle de son flambeau pour allumer mon cœur un etincelle rend heureux et le flambeau entier consume il fait pousser des soupirs de flammes et des larmes de sang

l'amour trempe ses traits dans les pleurs des malheureux amants

sans l'amour la nature est languissante[1] inanimée et est privé de l'ame qui l'anime et elle n'est plus parée de ses couleurs et de ses formes agreables n'ayant plus a plaire elle quitte sa parure

Dieu parle les vents se taisent l'orage fuit l'eau des rochers s'ecoule et la mer qui s'elevoit dans les nues s'abaisse doucement[2] et noze plus remuer. Les rochers meme se fondent a son aspect comme les montagnes de flots

quoy sans que dieu le conduisit l'univers erreroit dans l'espaçe comme un vaisseau sur les mers sans mats sans voile et sans pilote

Dieu parle la machine du ciel s'arrete les flots se taisent les arbres ne sont plus agités les fleuves attentifs suspendent leur cours le soleil arrete ses chevaux ecoute ses paroles *je suis*[3] et va les reporter aux nations qu'il eclaire

le ciel aime la douceur de mes mœurs et mes vers[4]

nous manquons au ciel qui nous a donné des desirs quand nous ne les contentons pas

---

1. *En deuil* barré et remplacé par *languissante*.

2. *Doucement* ajouté.

3. *Je suis* souligné.

4. Nous poursuivons naturellement le plaisir. Le plaisir n'a donc rien de contraire à la volonté de la nature et de Dieu. V. en effet, la note suivante.

Dieu forge dans nous de nouveaux cœurs les notres ont été trop souillés.

le trone est fondé sur l'autel [1]

le tems ne respecte que Dieu

la mer ne passe point les bornes prescrites l'homme seul l'oze [2]

qui sont ces conquerant que tu petris d'argile

l'homme tient le milieu entre la bete et l'ange [3]

dans la religion crethienne le tombeau d'un martir devenoit le berceau de plusieures

garantis la brebis de la fureur des loups

c'est Dieu qui parle en Dieu

Dieu dans les inspirations ne parla qu'en vers a la terre étonnée

les astres sont les apotres de Dieu

le neant s'enfuit a la voix de Dieu

a mezure que Dieu conçevoit le deissein de l'univers le deissein s'executoit il apelloit la mer qui naissoit aussitost

Dieu avec des feux devorans consume sans l'anneantir [4] le malheureux qui a devant luy l'horreur de ne pouvoir mourir

Dieu avec son tonnerre perçe en un instant tous les cercles des cieux

du sein de Dieu on fit couler dans l'espace les essençes des choses qui en remplirent une partie

---

1. Le trône et l'autel se défendront en faisant brûler par la main du bourreau le livre de l'*Esprit*, à défaut de la personne de M. Helvetius.

2. Barré.

3. Helvetius montre que l'homme n'est ni bon, ni mauvais. Il est, et on doit, pour lui être utile, le concevoir tel qu'il est, c'est-à-dire aimant le plaisir et fuyant la douleur. L'ange est peut-être trop oublié dans les ouvrages d'Helvetius, mais l'angélicité humaine est souvent si contestable !

4. *Sans les annéantir* ajouté.

6

tel du mont sinay au bruit de ses foudres a la lueur d'un dome d'eclair sur une montagne ardente dieu parloit a son peuple

nous avons la premiere odeur de l'ençens que nous offrons a Dieu [1]

que fait à Dieu que nous soions damnés ou sauvés son trone inebranlable peut il estre ebranlé par les cris des Damnés affermis par le bonheur des bienheureux il satisfit sa puissançe par la creation de l'univers [2] s'il a sa misericorde a satisfaire il a aussi sa justice. Le bonheur qui comme une mer de lumiere s'épanche sur la tête des bienheureux qui nagent dans les delices les chants de leur joie leur baisers de feux leur extase leur jouissance celebrent sa bonté. Le hurlement des damnés le bruit de leur chaines leur imprecations les coups des bourreaux les tourbillons de fumées a travers lesquels on voit des flammes sanguinolantes et qui s'elevent continuellement celebrent sa justiçe sa gloire eclate dans son palais comme dans ses prisons. (Decrire encore plus fort)

fortune que l'on adore sur tous les elements et dans tous les etats des hommes qui ne doit son existençe qu'a sa vicissitude qui sappe les fondements des roiaumes

la necessité maigre et nue avec l'aiguillon des besoins presse ceux qui ne voudroient pas courir apres vous et la constante esperançe qui promet toujours et couverte toujours de fausses richesses

il nia que la vertu et que la verité et l'inflexibilité dont le corps et de fer et la bonne foy qui ne scait point changer d'ame et qui s'attele au joug de son malheur [3] qui ne soit pas de votre cortege

1. Helvetius ne perdra jamais une occasion de dévoiler cyniquement l'égoïsme humain.

2. *Il satisfit sa puissance par la création de l'univers* ajouté. — Helvetius sera très éloquent. C'est un orateur autant qu'un psychologue politique.

3. *Et qui s'attele au joug de son malheur* ajouté.

la loy fait les coupables et la fortune [1] les innocents

l'ivre fortune oze tout esperer

heureux celuy qui ne daigne seulement pas jetter l'œil sur la fortune

le fourbe par l'artifice d'un mot a double sens se conserva le droit de trahir ses serments

le fourbe candide naive traite la fourberie d'usage

on n'est imposteur que lorsqu'on l'est a demi

la coquette met le fard sur le visage et le devot le met sur le cœur

le fard blanchit les rides mais ne les cache pas [2]

fourbe serpent qui pique dans l'obscurité

fontaine qui separe ses eaux en divers rameaux dessinne sur la terre les branches des chenes qui s'elevent dans les cieux

la fortune vend cher ce qu'elle promet de donner

l'eau tombant en nappe sur un basin dont la glace est polie ils brisent leur cristaux et fait elever l'ecume

fleuve dont la glace unie repete les beautés de sa rive et qui lorsque le soleil le frape ressemble a un vaste serpent d'argent qui se glisse entre les rochers les bois et dans la plaine [3]

foy dans ce tems les aveugles voioient et la foy reparoit les torts de la nature

dans un fleuve dort [4] il roule un peu d'ecume quand au fond les metaux precieux tous n'est pas de la meme pureté

---

1. Dans le traité de l'*Homme*, Helvetius cherchera les moyens pratiques de diminuer l'inégalité des fortunes par des lois meilleures et il esquisse a sur ce point des théories très hardies sans admettre jamais la possibilité de supprimer la propriété.

2. Voir les hommes et les choses tels qu'ils sont, sous le fard, telle était l'ambition d'Helvetius afin de pouvoir mieux enseigner le bonheur et la justice inséparable du bonheur.

3. Les images pittoresques abondent dans les livres d'Helvetius.

4. *D'argent* barré, remplacé par « dort ».

la fortune dit mon vol est aussy rapide aussy brillant qu'un eclair personne ne m'attrape en courant heureux qui me saisit au passage. le politique me croit esclave de sa politique en secret le ministre ingrat[1] scait qu'il ne doit qu'a moy ce que son orgueil dit devoir[2] a la prudençe quoique je sùis sans yeux je n'en suis pas moins puissante et c'est moy qui preside le plus aux elections et je fis faire les plus grande découvertc je preside souvent aux grandes actions des Rois

la foiblesse l'encensoir a la main alla presenter l'encens aux Dieux qu'elle meprisoit

le froid hiver la tete courronné de glaçe son antre est creusé dans la neige le soleil change son palais en fleuve (a decrire)

chaqu'un se presse pour arriver a l'autel de la fortune la hardiesse a grand coups d'epée ecarte ses concurents et la perfidie[3] avec son poignard perçe son adversaire dans la foule

il faut être plus grand pour soutenir le poids de la disgraçe que de la faveur de la fortune

anciens marquoient avec de la craye blanche les jours heureux avec du noir les malheureux

les anciens avoient coutume d'appaiser les dieux par des sacrifiçes lorsqu'il leur etoit arrivé quelque chose de favorable

ceux qui triomphoient se peignoient le visage avec du vermillon il y avoit une statue de jupiter assise au capitole sur un char tout rouge. les dames francoise se peignent aussy de rouge en signe de leur triomphes

les filles des anciens avoient des cheveux et non les femmes Platon dit que les filles alloient a la chasse comme les hommes et qu'elles faisoient comme eux les exercices du corps

il n'y a que la main d'un amy qui arrache l'epine du cœur

c'est une fille sous l'habit d'alcide

1. *Le ministre ingrat* au lieu de *l'homme* barré.
2. *Dit devoir* au lieu de *croit devoir* barré.
3. C'est ainsi qu'on voit, dans le *Bonheur*, la Terreur, la Fureur, le Désespoir, le Remords, l'Ambition, etc...

les anciens croient que les astres etoient des gondoles remplies d'exhalaisons ardentes

tibere avait differents cabinets[1] danc l'ile de Caprée pour differentes debauches

il y avoit des peuples qui pour encourager les soldats faisoient porter a la tete des armees les cendres de ceux qui avoient été tué dans les precedents combats[2]

ambition tous les endroits de l'univers fument encor des feux qu'elle y a allumés

les anciens peintres grecs peignoient avec de la cire de toutes sortes de couleurs

coutume pour scavoir si une fille etoit pucelle (Tibulle page 337)

les aigles qui s'elevent si haut ne sont guere plus pres du soleil que les reptiles tant ils en sont encor eloignés ainsy le sçavant et l'ignorant sont eloignés des premieres causes[3]

que la coutume des romains etoit sage qui pour moderer l'orgueil du triomphateur par une loy expresse chargeoient des bouffons de le railler publiquement et chantoient ses defauts et ses vices

a peine estu endormi que l'ambition vient t'eveiller et te dit va vite faire des brigues tu repose et des rivaux veillent on n'achepte des plaçes qu'au depends du repos etc (a decrire)

les generaux romains avoient toujours cartes blanches

sur le mont sambulos hercule etoit honoré d'un culte distingué car en certain tems il avertit en songe les pretres du lieu de tenir aupres du temple des chevaux equipé pour aller a la chasse ces chevaux chargés de carquois pleins de fleches se mettent a courir par les bois et n'en reviennent que la nuit

1. *De débauches* barré.

2. Helvetius s'intéresse particulièrement à l'art de stimuler les passions humaines qui devrait être pour le législateur un objet de méditation.

3. Aussi le philosophe positif — ou positiviste, si l'on veut, — de *l'Esprit* ne cherchera pas à résoudre le problème des origines.

haletans avec leur trousses vuides ensuite les prestres ont une
2ᵈᵉ vision nocturne ou le Dieu leur marque les endroits de
son passage et on y trouve en effet quantité de betes tuées ça
et la

les Rois parthes lorsqu'ils faisoient alliançe leur coutume
etoit de s'acrocher les doits de la main droite l'un dans l'autre
et de se lier les deux pouçes a double nœud pour y faire
monter le sang lequel ils sucent reciproquement par l'ouver-
ture d'une petite incision cette alliançe etoit la plus invio-
lable

amis on ne peut compter pour amis des gens qui ont des
prejugés leur amitié tient toujours a celle des autres

sçavoir si les gens memes d'esprit et qui par consequent
[¹] des prejugés n'y sacrifient pas un ami cela est fort
douteux a moins qu'ils n'ayent une grande ame²

Cadmus fut le premier qui apprit a fondre l'airain

il faut se consoler dans le malheur car lorsque la tempete
soufle il faut necessairement que le calme revienne mais on
doit craindre dans la prosperité parcequ'on a la tempete a
craindre mais dans l'un et l'autre cas ou par desespoir ou par
securité ne vous fiez jamais a la mer

matiere de feu si cette matiere ne peut exister sans mouvement il s'en suit que le mouvement est essentiel a la matiere par consequent nul besoin d'un agent qui le luy ait
donné

mathematicien geometre trouvent cent mille façons dont le
monde pourroit exister en ne conservant point telles quelles
sont les loix du mouvement³

la critique prend aussy quelquefois l'or pour le clinquant

---

1. Pretent ???

2. Helvetius appliquera sa franche et brutale analyse à l'étude de l'amitié
(*De l'Esprit*, Disc. III, ch. xiv). — Croix dans la marge.

3. Helvetius semble avoir réfléchi d'une manière sérieuse sur des questions de mathématiques et de physique, et non simplement pour suivre la

la critique accuse souvent a tort un auteur d'obscurité un aveugle ne voit goute partout dans la nuit ou jour

la chimie folle rivale du soleil entourée de feux et de souflets de fourneaux noircis de fumée tenant tous les metaux dans ses mains s'efforçe en vain d'en faire de l'or

le crime promené dans les villes par des pretres imposteurs marchoit sous le nom de la divinité [1]

le crime qui parle de dessus un trone n'est que trop écouté [2]

aux fetes de bacchus-de venus les paiens etoient criminelles par religion

un Roy de la chine fit tirer un canal d'une demie lieue dans une montagne pour donner passage a une riviere qu'il vouloit conduire a Rionan il plaça deux mille statues sur les bords du canal

les crimes atroces dit tacite se commençent avec peril et s'achevent avec recompense

un fameux critique dit boccalini ayant ramassé toutes les fautes celebres d'un poete en fit present a apollon le Dieu le reçut bien et pour le recompenser il mit devant luy un morçeau de bled qui n'etoit point vanné luy ordonna d'en separer la paille cela fait il luy fit present de cette paille

la nimphes court sur la pointe des flots

les nimphes vont dans leur voiles recueillir les larmes de l'aurore [3]

la mer au soleil deploie ses ondes en nappes d'argent [4]

mode, pour imiter l'exemple de Maupertuis, fameux en son temps, de Voltaire, etc...

1. V. dans l'*Esprit* toute sorte de petites histoires significatives concernant les bonzes, les imans, les prêtres de Memphis.

2. Helvetius a et gardera une haine égale pour la superstition et le despotisme qui, d'ailleurs, se tiennent.

3. Cette mythologie du dix-huitième siècle sait être tour à tour froide ou bien gracieuse, exquise.

4. L'auteur a d'abord écrit *d'or*, puis il a barré le mot qui n'était pas juste.

en vain se croit on poete sans le feu divin quand promethée eut forme la statue de l'homme il ne l'avoit pas fait un homme jusqu'a ce qu'il l'eut animee avec le feu celeste et l'on n'a point fait de vers si on y a mis le genie

loin ces poetes par art ce sont des fleurs qui viennent par force et qui n'ont jamais d'odeurs ni de vives couleurs

loin celuy qui arrache en suant un vers dur de sa tete le vers doit se presenter jamais ni se chercher

la seule harmonie fait retenir et repeter[1] le vers

il faut dans ses tableaux peindre la plus belle nature

le vers pour etre beau veut etre retouché

le travail doit polir l'ouvrage du genie[2]

l'onde forme la perle et l'art la polit

le soleil le rubis mais il ne brille que par le secours d'une main habile il faut que le travail polisse le vers

la terre produit les fleurs l'art en fait un bouquet

craignons a force d'etre correct que le vers soit moins etincellans ou froid

pour un fecond genie il ne faut qu'un amy qui luy fasse rejetter cela et l'oblige a retoucher ses ouvrage

les vers sont souvent comme les fleurs dont on fait exhaler l'odeur en les touchant trop souvent ou comme une femme qui perd ce premier eclat des roses sur son visage en voulant le frotter pour se donner des couleurs plus vives[3]

le françois n'est plus suceptible d'une vive impression et le vers ne plait plus que par reflection les grecs avoient l'ame plus sensible au beau soit que cela vienne ou du climat ou de l'education[4]

---

1. *Et repeter* ajouté.

2. Helvetius profitera des leçons données par Voltaire au jeune poète-philosophe des *Epîtres*. On voit que les théories des Parnassiens n'étaient pas neuves. — Helvetius accordera toujours beaucoup et souvent beaucoup trop à la méditation, à l'effort, au travail. C'est un écrivain fort scrupuleux.

3. Il faut donc qu'un auteur retouche ses œuvres, mais sans les éplucher.

4. Helvetius parlera sans cesse des effets de l'éducation. L'influence du

peu scavent s'enrichir des depouilles des anciens la fleur
‹transporté de leur ouvrage dans le sien meurt

l'un n'est que sec l'autre n'est que frivole peu scavent dans
un bouquet de fleur presenter les fruits de la raison[1]

insecte qui sortez du limon d'hipocrenne

et dans beaucoup d'ecrits l'herbe etouffe les fleurs

il faut que le sot rit de son portrait

le sot ne peut soutenir l'examen il n'y a que l'aigle qui
soutient la lumiere

l'homme sans imagination prend pour enflure tout ce qui
n'est pas bas

la raison embelli de la parure de l'imagination[2] presente en
chaque vers une double beauté

il faut que le poete les entraves aux pieds marche encor
plus vite

il faut la fertilité[3] sans confusion

le contraste fait la beauté[4]

il faut a ce que je crois pour etre plus belles que les comparaisons soient tirées de l'histoire parce qu'en meme tems
qu'elles font l'effet des comparaisons elles apprenent l'histoire[5]

climat sur la société lui semblera des plus contestables, et il la niera
volontiers. Il notera cependant la différence entre la poésie du nord et celle
du midi.

1. Cf. le dernier vers du chant III du *Bonheur* :

Les fruits de la raison et les fleurs du plaisir.

2. Dès les *Notes*, Helvetius caractérise très bien son idéal littéraire, sa
manière, et, pour ainsi dire, son procédé. — Diderot constate qu'Helvetius
était un beau génie, mais non un génie facile (*Réfutation du Traité de
l'Homme*). — V. Helvetius, t. V. p. 230 (Comme quoi il est permis aux
philosophes de bien écrire).

3. Helvetius aura la fertilité et aussi la confusion. Il est vrai qu'il
avait l'ambition de créer une science des faits moraux et sociaux, et leur
déterminisme n'est point facile à établir.

4. Il usera et même abusera peut-être des contrastes.

5. L'auteur de l'*Esprit* et de l'*Homme* veut avant tout instruire. Chez

pour sçavoir si un tableau est beau en poesie il faut qu'un peintre le pu manquer c'est ou a manqué le pere lemoine

il n'y a point d'homme parfait un palais n'est point tout bati de marbre il y a du cuivre pour cela fautil le mepriser

l'homme qui n'auroit vu les forests et les palais que dans une fontaine les croiroit sous ses pieds

l'homme en viellissant s'ennuie de la vie et la perd san chagrin ainsy un ruisseau las de serpenter dans les plaines apres avoir longtems brisés ses eaux contre les rivages hate sur la fin sa course et disparoit dans le sein des mers

tous les grands hommes sont sujets a l'erreur d'un bucher il sort de la lumiere et de la fumee[1]

l'homme qui ne scait pas distinguer la voix de la verité qui l'apelle d'avec celle de l'erreur n'arrive point ou que fort tard a la verite[2] est comme un chasseur au milieu d'une forest ou il y a plusieurs chasses il entend plusieurs fanfares comme il ne connoit pas celle de son piqueur il n'arrive quelquefois jamais a la mort de l'animal qu'il chasse (plus juste a faire)

que les hommes seroient attrapés et surtout les ministre si semblable a janus ils voioient par derriere les gestes de ceux qui les louent en façe

l'ecu des princes devroit etre comme ceux des jeunes gentilshommes pendant leur noviciat aux armes le champ étoit tout blanc et marqué d'aucun blason jusqu'a ce que par quelques faits d'armes ils eussent acquis le droit d'y graver quelques hieroglifes

les grands hommes parlent avec fermeté et fierement Jean Frederic electeur de Saxe etant tombé entre les mains de

ui, dans le moraliste et le poëte, il y a sans cesse un utilitaire, c'est-à-dire un pédagogue.

1. Les qualités, les talents, les vertus créent fatalement des défauts, des imperfections, voire des vices. V. *de l'Esprit*, Disc. IV, ch. XIV. Des qualités exclusives de l'esprit ou de l'âme.

2. *n'arrive point ou que fort tard a la verite* ajouté.

Charles quint repondit genereusement a ce prince qui le mena-
çoit de luy faire couper la tete : *votre majesté imp. peut faire
de moy tout ce qui luy plaira mais elle ne peut me faire peur*
il jouoit aux echets quand on luy prononça l'arrest de mort et
il dit au Duc Ernest brunswik *achevons toujours notre partie*[1]

verité il y a des gens plutost frapés de la verité comme les
collines sont plutost dorées des raions du soleil[2]

verité viens purger mon esprit des erreurs du vulgaire

venus etoile toy qui preside aux jours et aux nuits et qui
nous les annonçant nous marque par la qu'il te faut sacrifier
en tout tems

si je parle de toy venus prete moi des graçe que mon vers
plus mous mais plus harmonieux que ma cadençe peigne la
mollesse

venus en colere fouette l'amour avec des roses

les desirs soulevent la Robbe de venus et l'œil se glisse dessous[3]

l'onde vaste berceau de venus

la verité eclaire tous les hommes le soleil eclaire l'arbuste
et le chene

les hommes en general aiment mieux s'egarer en troupeau
que de suivre seules la verité ils ont peur d'abord qu'il se
trouvent presque seules eloignés du troupeau ils aiment
mieux le precipice avec luy que l'herbe grasse[4] quelque sages
paissent

venus couverte d'un voile a travers lequel on voioit ses

---

1. Les parties citées sont soulignées dans le manuscrit.

2. Cette méthode d'écrire qui consiste surtout à chercher des images em-
pruntées au monde physique afin d'éclairer des conceptions morales est
souvent du plus grand effet.

3. Cf. les vers suivants, à propos de la Mollesse :

> Des zéphyrs indiscrets l'haleine caressante
> Soulève son écharpe et sa robe flottante
>
> (Le Bonheur, chant. I, t. XIII, p. 17.)

4. *Quels* barré.

yeux etinceller [1] en etoit plus belle ainsy lorsque le soleil pour se çacher a la terre suspend devant luy dans les airs le voile d'un nuage ses raions perçe encor l'ombre peint differentes figures dans le nuage le soleil répand une lumiere plus agreable

la verité n'a besoin que d'estre vue pour estre persuadée

chaque verité que nous decouvrons est une avance sur celles qui nous restent a decouvrir

vertu le ciel pour humilier sa fierté s'il nous laissa la force de triompher des vices ne nous permet de triompher de tous nos defauts

combien de vertu ne sont que des vertus de theatre [2] et on besoin pour se soutenir des yeux et de l'admiration publique Seævola qui se brule la main a la vue de porsenna auroit peut estre craint la moindre douleur en particulier

mes vers ne sont pas faits pour ces esprits frivoles qui croient que les vers ne sont faits que pour les madrigaux

on ne se soucie point que son fils ait plus de vertu ou de science [3] mais qu'il ait bon air et qu'il sache jouer

non des vers doucereux mais des vers vigoureux

venus marche entourée des graces je marchois a elle guide par les desirs [4] le ciel [5] etoit tissu d'ombre et de lumiere cette heure est plus propre a faire ressortir la blancheur du corps et venus se livre avec moins de pudeur elle joignait le velouté de la peau a la fermeté du marbre

O venus faites moi gouter souvent de pareils [6] plaisirs

1. *Ressembloit* barré.

2. Helvetius se méfiait systématiquement des apparences et s'efforçait de voir avec netteté les hommes et les choses sans subir la magie du décor.

3. Il y a dans l'*Esprit* et dans l'*Homme* d'exactes et d'amères réflexions sur la manière dont les parents conçoivent l'éducation de leurs enfants.

4. *La nuit* barré.

5. *Le jour* barré et remplacé par *le ciel*.

6. *Pareilles* barré.

j'aime une maitresse lubrique

chaque belle a diverse beauté et chaque beauté fait naître des desirs

venus ne donna jamais de si charmants baisers [1]

pourquoy meler l'or des verités aux fanges du mensonge

mes vers seront malgrez eux plus durable que l'airain je quitte la modestie et c'est au noble orgueil a repousser l'envie

la beauté tien toujours le depit enchainé

venus ou lidie que les alexandres se vantent de faire trembler la terre les dieux qui vous donnet la beauté et la faculté de nous rendre heureux vous fit notre reine ils donnerent aux lions une grande gueule moins a craindre que votre petite bouche

la crainte viens presenter les phantomes [2] effraiants a l'esprit que le soufle de l'esperance dissipe et la peinture vive de ces objets effraiants par elle devient un tableau effacé

la crainte semblable a meduse nous petrifie

chasteté Dona maria coronel fatigué de la longue absence de son mary tourmenté par la convoitize charnelle se mit un tison dans la partie pour faire un sacrifiçe de sa vie a la foy conjugale

servilia pour ne point survivre a lepidus avala des charbons ardents

une religieuse sur le point d'estre violée promit au soldat de luy donner un beaume qui le rendrait invulnerable s'il vouloit la laisser. ensuite elle se frotta le col de pomade et luy dit de faire l'epreuve sur elle meme et lui presenta sa tete a couper a quoy le scelerat fut aussy habile que la religieuse a le tromper aux depends de sa vie [3]

1. Ces confessions de volupté surtout sensuelle et galante sont peut-être moins émouvantes et aussi moins malsaines que d'autres où la frénésie de la chair s'associe à toute sorte de vertiges sentimentaux, de délires intellectuels.

2. *Objets* barré et remplacé par *phantomes*.

3. On sait combien Helvetius se plaît à ces anecdotes brutales qui sont

la crainte marche avant la fuitte et lui aplanit tous les chemins et luy fait craindre les dangers qui la suive et braver ceux qu'elle a en face : elle devient audaçe [1]

.les cigales sont bienheureuses d'avoir des femmes muettes

Enfer furie les serpents des furies se dressent font luire a la clarté des sombres feux des enfers leur ecaille verte et dorées et poussent des siflements de joie l'enfer est eclairé de feux sanguinolants et d'un poison noir

les serpents enflent leur gorge luisante et les tombeaux murmurent le tein livide des furies s'anime [2] il y monte un sang pourpre

Pluton son spectre est de feu le silence et la nuit y rendent mutilés les yeux et les oreilles ils couvrent et entourent pluton et la fureur ne s'y explique que par le silence

le cocyte y roule un torrents de pleurs qui va se jetter dans le tourbillon de feux du phlegeton

et l'enfer jetta un hurlement de joie

l'Erreur les autels [3] dont la terre est couverte et qui luy sont dressés la vapeur [4] de l'encens que luy offre les mortels ne ternit point l'eclat de la verité et le nombre des adorateurs de l'erreur n'afoiblit point sa puissançe

l'erreur en Egypte et la crainte a des monstres sanglants du meurtre des mortels eleva des autels

Satan voloit au dessous de luy tous les esprits celestes les 1ers [5] raions de la divinité en s'epanchan de son sein luy for-

à ses yeux autant de documents utilisables pour comprendre et peindre la nature humaine.

. 1. Helvetius montre sans cesse les rapports entre les idées, les sentiments, les passions, et leurs modifications selon les événements. Il n'oublie jamais de faire la part du « hasard heureux ».

2. *s'enflamme* barré.

3. *L'encens* barré.

4. *La fumée* barré.

5. *Les 1ers* ajouté.

moient un Diademe de gloire ses pieds etoient posés sur des anges son visage servoit de soleil au ciel Dieu pour amortir son eclat que luy seul pouvoit regarder en façe dardoit sur luy des raions qui se reflechissant dans le ciel y faisoient le jour des bienheureux dieu leur attacha sur leur ames une cuirasse ardente qu'ils portent avec eux et lorsqu'ils sont dans l'abime a travers la fumée ils entrevoient les trones ou ils etoient assis et ou Dieu a placé d'autres anges c'est la leur plus cruels tourments ils sont devorés par la jalousie

L'erreur et sur la terre comme une grande riviere qui garde le meme lit mais qui n'est jamais la meme un seul instant

vulcain sa fournaise brule d'un feu blanc d'eclair d'un rouge plus fonçé on y voit les foudres les enclumes[1] y sont de diamant dur les murs de l'autre sont entouré de foudres et d'eclairs forgés qui roule toujours car ils ne peuvent etre attachés vulcain a des bras de bronze la sueur coule en torrent dans ses rides son estomac velu est mouillé de cette sueur melé au noir des charbons de cendres de [   ] son visage est livide il battent les metaux[2] dans une harmonie juste et effraiante les vents sont ses souflets L'acier dans le feu se mollit sous le marteau, prend des formes le feu petille et en jalit de tous cotés et le mont mugit du bruit

leur marteaus ressemblent a des monts[3]

vulcain condense le feu pour en forger le foudre

Nouveauté

tous n'es point epuisé de nouveaux soleil se forme dans les cieux colomb decouvrit un nouvel univers

sa facile poesie semble marcher sans chaines

c'est la ou l'on voit marcher la poesie qui se forgoit les courronnes de la gloire qui orne les tetes des grands hommes

---

1. Entre les lignes se trouve cette addition : *ou battent avec un plus grand bruit que le tonnerre les clclopes.*

2. *Fer* barré.

3. *Montagnes* barré, remplacé par *monts.*

et qui embellit egalement celle des roturiers et des rois qui forgoit les courronnes des belles qu'elles rendent immortelles

Plus loin le raisonnement[1] en forgoit d'autres moins brillante mais aussy solides (pour la 4eme epitre[2])

la poesie naquit dans les antres et les rochers

un esprit plus vaste est entré dans mon ame quels objets[3] et peinture se presente a moy[4]

l'avare au parnasse prefere le potose

l'esprit les choses les plus abstraites deviennent visibles aux yeux de l'imagination

la poesie n'etoit pas autrefois si frivole et la philosophie quittoit l'enveloppe obscur des termes pour l'habit brillant de l'imagination[5]

la poesie d'une aile a qui tout cede s'eleve a travers les spheres et chercher a la sourçe du jour les couleurs dont elle fait ses habits va dans le ciel considerer la beauté en lever des plans et dessine d'apres ses tableaux tantot elle descend dans les antres de l'horreur de la nuit etc a Decrire[6]

il faut qu'un poete ait un grand fond de sciences pour faire son corps il doit etre animé d'un feu celeste qui luy donne du mouvement et qui le fasse comme le soleil rouler dans les cieux pour eclairer le monde. mais le ciel est avare de ce feu[7]

---

1. *Et les philosophes* ajouté, au-dessus de la ligne.

2. Les Epîtres d'Helvetius sont : *Sur l'Amour de l'Etude — Sur l'Orgueil et la Paresse de l'Esprit — Sur le Plaisir — Sur les Arts.* Les fragments sur le *Luxe* et la *Superstition* semblent faire plus directement partie du *Bonheur*, où se trouvent, du reste, des idées, des expressions ou même des passages des Epîtres.

3. *Mon imagination petille depuis* barré.

4. Croix au crayon dans la marge.

5. Helvetius avait l'ambition de créer ou de renouveler la poésie philosophique. Voltaire poussait « le jeune disciple d'Apollon » dans cette voie. — Croix au crayon dans la marge.

6. Barré, croix à l'encre dans la marge.

7. Croix à l'encre dans la marge.

la poesie est une espeçe de passion c'est[1] un sens de plus pour les poetes elle a l'enthousiasme l'extaze la fureur et tous les effets des autres passions

la poesie et les arts doivent leur naissançe a l'amour et l'amour leur doit la puissançe de plaire et sa beauté

les muzes aiment a habiter les ames vertueuses

le chancelier de l'hopital faisoit des vers et adresse meme un instruction en vers a francois 2ᵈ (v. page 219 tacite. v. 3ᵉᵐᵉ)

on decerna a pomponius le triomphe pour avoir triomphé des Cattes mais ce ne fut rien aupres de la gloire qu'il acquit par ses vers

Neron faisoit des vers

Rome eut mille triomphateur et eut peu de bons poetes

la poesie est differente de la peinture en ce que la peinture n'est pas obligé de peindre toujours la nature en beau et qu'on peut etre grand peintre par son imitation basse mais exacte cela n'est pas vray en poesie[2]

il faut encor dans les comparaisons en prendre qui non seulement fasse une belle image mais en choisir qui puisse s'exprimer par des mots harmonieux

Si rien n'egal la beauté de la nature un poete qui les multiplie en composant la nature d'une nouvelle matiere en luy donnant de nouvelles formes doit etre estimé

Virgile charme toujours sans etonner jamais s'il n'est echaufé de l'iliade

comparaison il n'est pas necessaire que les rapports en soient si exacts parce quelles ne sont pas faite seulement pour eclaircir et orner mais encor pour plaire

Dans les poemes ou il entre des bergers il faut toujours

---

1. C'est ajouté.

2. L'art ne consiste pas à reproduire directement la nature, mais à l'interpréter selon son tempérament. Ce n'est pas une raison pour vouloir peindre en beau. Il est vrai que l'imagination du poète magnifie le réel.

que leur pensées ayent de la teinture des champs des bois et des rivierres ainsy des autres choses

ceux qui dans la poesie ont le talent d'exciter les passions n'ont pas a ce que dit addison le talent d'ecrire d'une maniere noble et sublime et viçe versa

le luxe a la sourçe du jour va cueillir des poisons et chercher des richesses

le luxe transporta les rivieres des vallons au sommet des montagnes

il fait venir par des vaisseaux des palais

le luxe attacha les diamants et des lustres aux oreilles (le palais du luxe)

la necessité depouilla les lions de leur peaux et le luxe[1] a tissu les etoffes d'or

l'effeminé qui se fait tirer dans un carosse et qui ne peut se servir lui meme semble n'avoir des bras et des jambes que par bienseançe ils voudroient que leur chemises fussent tissues d'air tant leur delicatesse est grande il moureroient s'il portoient un habit de laine ils ne pourroient se remuer et ils marchent legerement sous des habits chargé d'or et de diamant

le luxe transporta les montagnes creusa des lacs semblable aux mers la retressit dans son lit et daignant de s'aider de la nature veut toujours la forçer (a decrire)

le luxe va sur des barques legere chercher les monstres semblable a des iles et leur arracher les os que dieu avoit caché sous une epaisse muraille de chair et cela dans ces mers que gardent les glaçons flottants et les tempetes du nord.
les choses necessaires ne sont pas ainsy cachés au fond des

---

1. Helvetius traitera à maintes reprises la question du luxe. (Fragment d'Epître sur le *Luxe* — Epître *sur les Arts*, t. XIII, p. 104, 105, 106 — De l'*Esprit*, t. I. p. 225 à 260 — *De l'Homme*, section VI, ch. III, IV, V, ch. XVIII, t. X. p. 95). — Dans la marge, devant la plupart de ces réflexions sur le luxe : L.

mers ni sous des ecueils dont des monstres devorants defendent l'entrée

le luxe des vivans suit les morts au tombeau

les statues d'or qui porte sur leur epaules des bougies. L'ivresse coule avec le vin de ses cornes d'abondançe polies par germains etc

la fureur les Suisses autrefois apres leur victoire sur le Duc de bourgogne batirent une chapelle des ossements des morts consacrerent leur passions et eleverent ainsy le temple de la fureur au dieu de la clemençe

l'arsenal de la fureur est rempli des taureaux de phalaris des chaudieres bouillantes etc des hommes vivans attachés aux morts les flambeaux de la fureur[1] sont les martirs qu'elle enduisoit de cire

le vainqueur poussa trop loin sa fureur dans un fleuve de sang il etouffa sa gloire

dans le temple de la fureur on n'y voit pour statue que la douleur et la mort dans differentes attitudes le sang melé aux ossements broiés fond le palais la fureur y cultive elle meme les poisons (travailler sur ce fond[2]) si l'amour paroit dans ce temple, ce n'est qu'accompagné de la jalousie etc Decrire La fureur en attachant les hommes a des cadavres a enchainé la vie a la mort

la fureur ni recoit que la fumée du sang

il y coule un fleuve de sang dont les flots boueux et pourris[3] ne se meuvent qu'avec peine

Amours les Desirs sont les fleurs de l'amour et les plaisirs les fruits

---

1. ? — *Les flambeaux de neron et martirs que la fureur enduisoit de cire et faisoit...* barré.

2. *Travailler sur ce fond.* On voit qu'Helvetius ne se contentait pas de noter ici des idées, des impressions, des projets, mais qu'il esquissait encore des développements qui sont comme des canevas généraux dont Il se servira à l'occasion.

3. *Et pourris* ajouté.

l'amour prefere souvent le crepe de la nuit au voile etince-
lant du jour

amour selon les differents caracteres brule differament
dans le lion une flamme feroce et ardente s'exprime en rugis-
sement dans les ames hautaines par le dedain dans les ames
tendres par les larmes et l'abbattement [1]

on dit qu'adam ayant mordu la pomme dans le meme endroit qu'Eve ou sa salive etoit resté ce fut le germe qui alluma
le feu de la concupiscence dans le cœur de l'homme et voila
pourquoy les levres et la langue des amants aiment tant a s'ap-
procher

un ride croit sur le visage de notre idole l'amour fremit et
s'enfuit sans ozer regarder derriere luy

le flambeau de l'amour porte son feu dans les antres des
glaçes ou se retirent les baleines il perçe au fond des mers et
donne le mouvement a ses monstres il perca la palais de glace
de neptune [2]. La fureur armée chez les romains de casques et
d'epeé affrontoit la mort chez elle brave la foudre qui sort des
colonnes d'airain que le meurtre charge elle lançe des fleches
au bresil la joie danse chez les barbares au son d'une musique
discordante et a la lueur des etoiles comme chez nous au son
de luly et a la lueur des flambeaux dans ces salles magique ou
l'art par le moien des couleurs rassemble tous les elements et
ramasse l'univers tour a tour dans un espaçe etroit qu'il agran-
dit aux yeux l'amour a les memes transports en tous pais goute
les memes voluptés a les memes desirs et veut parvenir egalement a la possession de ce qu'il aime la jalousie qui le suit et
qui mene a sa suite la colere a la meme envie de se defaire

1. Les mêmes sentiments ont des manifestations très diverses. D'où la
difficulté pour le psychologue d'étudier les phénomènes de la « sensibilité ».

2. Dans la marge, de la même écriture : les effets des passions sont différents dans différents pais mais c'est la même tige. On lit plus loin : l'amour
propre tige de nos passions.

d'un rival en france elle se bat avec egale avantage en italie
elle assasine. La tristesse dans tous les pais verse des larmes
et ne fait que pousser pour soupirs [1] des sons differents la hardiesse est partout aveugle pour les dangers et ne scait point
reculer et le desespoir partout se precipite et se jette avec fureur sur la mort differament construite dans differents Pais

le desir etincelle en ses yeux

l'amour propre [2] tige de nos passions [3]

l'amour propre offensé fit dechirer lais par ses compagnes au
temple de venus a cause de sa beauté

D'abord qu'un jeune homme a du merite l'amour propre vient
avertir tous les hommes d'etouffer s'il peuvent ce jeune arbre
qui s'eleve

l'ame d'un amant s'epanouit aux yeux d'une maitresse c'est
une Joie qui marque au soleil la joie de son retour en s'épanouis-
sant devant luy

en vain voudroit en eviter l'amour le sage court et l'amour
vole

L'amour meme heureux qui multiplie notre etre multiplie
aussy nos douleurs nous avons deux corps pour recevoir la
douleur nous avons deux ames pour recevoir la tristesse nous
avons deux vie [4] etc a Decrire)

vivante tu etois mon amour morte je seray ta furie

---

1. *Pour soupirs* ajouté.

2. Dans l'*Esprit*, Disc. I, ch. IV, t. I, p. 268 et suiv. Helvetius explique
ce qu'il entend, après La Rochefoucauld, par amour-propre. L'amour propre ou amour de soi n'est pas l'orgueil, la vanité, dit-il, il n'est autre qu'un
sentiment gravé en nous par la nature. Ce sentiment peut se transformer
en vice ou vertu, selon les goûts et les passions, produire également l'orgueil et la modestie. — Dans son *Introduction à la Connaissance de l'Esprit*, Vauvenargues traitait des passions et distinguait l'amour-propre, ou
l'égoïsme, semble-t-il, et l'amour de nous-même (XXIV)

3. Helvetius fera reposer sa généalogie des passions sur la sensibilité physique.

4. Helvetius est capable de vérités délicates comme de vérités brutales.

l'amour est encor plus fin que la jalousie

il est egalement heureux dans les combats d'amour d'etre le vainqueur ou le vaincu.

l'amour a plus de ruses [1] qu'argus n'a d'yeux

quoiqu'on fasse en amour on est innocent tant que l'on est aimé

l'amour comme la rose n'a qu'un jour

Dieu sous le pretexte de la puissançe de Dieu tous les petits esprits ont bati des contes de fées et parce qu'il peut tout ils ont voulu qu'il ait fait tout ce qu'ils s'imaginent soions nous plus et n'admettrons que dieu n'ait fait que ce qu'un autre cause n'a pu faire [2]

par le sisteme de l'attraction il n'est pas necessaire d'admettre un Dieu car s'il y a dans la matiere une faculté de s'attirer les corps se sont dus attirer jusqu'à ce qu'ils vinssent a la position ou ils sont a presens c'est a dire jusqu'a ce qu'ils eussent trouvé un Equilibre d'attraction. de la tombe l'objection des rapports de deisseins car ils ne pouvoient cesser jusque la d'etre en mouvement

de toute eternité notre mort est marquée

le present le plus precieux que le ciel fasse aux Rois c'est des ministres aussy vertueux qu'eclairés

Diodore de Sicile dit que les etiopiens furent les 1ers inventeurs des hieroglifes et qu'il peignirent un Epervier un crocodile un serpent un œil la main droite ou gauche etc pour signifier la promptitude la mechanceté la vigilançe [3] la liberté et l'avariçe etc

D'autres disent les Egyptiens qui inventerent les lettres que les pheniciens porterent en Greçe avec Cadmus

1. *Plus d'yeux* barré et remplacé par *plus de ruses*.

2. C'est une conception scientifique et moderne de la nature qui n'a, d'ailleurs, en soi, rien d'hostile au sentiment religieux. — *Qu'ils ayent* barré, remplacé par *qu'il ait*.

3. *La justice* barré.

quelquefois Dieu se fait admirer dans sa colere comme une mer en fureur quelquefois par sa seule majesté comme une mer calme [1]

le tableau mouvant de l'univers fait voir la grandeur du machiniste

Passions rien n'est plus dangereux que les passions [2] dont la raison conduit l'emportement

les passions reptiles lorsqu'ils entrent dans les cœurs Dragon impetueux lorsqu'ils y sont entrés

les passions sont comme les herbes empoisonnees Les dozes seules en font des poisons ou des antidotes

le feu qui detruit tout allumés par l'art a donné naissançe a mil merveilles ainsy les passions guidées par la raison

les vents ebranlent la terre et les passions l'ame du sage s'ils ne la renversent pas

les passions qui produisent les vertus aussy nos viçes semblable aux aliments la sourçe de la vie est sourçe de la mort [3]

vouloir eteindre une passion par une autre ce n'est que transporter un bucher d'un endroit a un autre

l'etincelle dans les passions est suivie de l'embrazement

la faiblesse negligée des passions se fortifie les grains de sable forment des montagnes il les faut prevenir [4]

---

1. Helvetius traite de Dieu en logicien et en orateur, et au besoin (v. la note suivante) avec les ressources d'un haut esprit, mais évidemment sans l'émotion du cœur, sans extase sentimentale. D'après divers textes, je considère volontiers Helvetius comme un déiste. M. Harald Höffding, en une brève et très remarquable étude consacrée à l'auteur de l'*Esprit*, dans son *Histoire de la Philosophie Moderne* (Alcan, 1906), émet aussi cette opinion.

2. *Tel que la fureur* ajouté, au-dessus de la ligne.

3. V. *De l'Esprit*, Disc. III, ch. VI : de la puissance des passions (on prouve que ce sont les passions qui nous porte aux actions héroïques et nous élèvent aux grandes idées). V. aussi ch. VII : de la supériorité d'esprit des gens passionnés sur les gens sensés. Ch. VIII : On devient stupide dès qu'on cesse d'être passionné. Ch. IX de l'origine des passions, etc.

4. Helvetius se fait l'apologiste des passions, mais avec une certaine sagesse.

Multiplions nos plaisirs par nos postures [1]

peu a peu gagnons sur nous et detruisons nos passions nous essairions en vain de les etouffer tout d'un coup imitons les saisons la froidure chasse peu a peu la chaleur et les fruits peu a peu font tomber les fleurs mais on ne voit dans nos climats l'été qui nous regit avec un spetre de feu disparoitre a l'instant l'hivet sur un trone de glaçe soufler la neige et les frimats sur une terre brulante encor des feux de l'été et l'on ne voit pas la grape mure prendre la plaçe de la fleur qui tombe

avançons par degrez au dernier des plaisirs commençons par des baisers qui fasse eclore les desirs

Mangeons un si [2] court plaisirs par les caresses et la longueur de nos desirs

pendant l'orage des passions on jure de ne se plus rengager on rentre au port on rit de sa fraieur

le sage se défend de l'approche des passions mais ne peut plus les arreter dans leur cours un homme peut se defendre de l'approche d'un precipiçe mais non s'arreter quand il tombe

Que celuy qui ne scait pas se contenter de peu qui sacrifie la liberté a l'avidité porte dans son cœur le vautour de promethée

l'avidité peupla les villes arrache des compagnes

Pathetique une cause du pathetique est qu'un malheureux devienne heureux ou un heureux malheureux pour cela il faut que le caractere soit noble le heros jeune vertueux aimable le changement imprevu fait dans l'instant ou le heros est le plus heureux ou le plus malheureux que l'expression dans lequel le changement de situation se fait soit courte claire quoique bien

---

1. C'est ici que l'Amour, prolongeant son ivresse,
Découvre un nouvel art d'irriter les désirs,
Et d'y multiplier la forme des plaisirs.
    Le *Bonheur*, ch. I, t. XIII, p. 19.

2. *De si* barré.

amenée auparavant le plus grand art c'est que la meme situation rende deux heros a la fois heureux ou malheureux voiez
l'enfant prodigue de voltaire[1]

amour en s'envolant emporte ses serments

en amour le plus amoureux est le roy

l'amour ne compte pas les ancestres mais les beautés de sa
maitresse

fait passer ce vin dans tes veines c'est un philtre de l'amour
au premier ride adieu l'amour

le flambeau de l'amour ne brille que la nuit

il est dans l'amour de certaines caresses que l'amour nous
apprend chaque art a ses finesses

la gorge ces deux monts que l'amour arrondit ce plaisir des
yeux et du toucher etc[2]

c'est toujours venus qui se trouve aux bras des amants

l'amour doit sa naissançe a venus et venus luy doit ses honneurs et ses temples et sa cour et elle n'eut été qu'une belle
statue

c'est dans les transports de l'amour qu'on sent le bonheur
d'exister et en mettant bouche contre bouche on troque d'ame[3]

les desirs sont les traits de l'amour

je n'ai point été blessé de ses traits que l'amour lançe
comme les Raions du soleil dans tout le monde il a ressemblé
ensemble plusieurs traits et la grandeur de la plaie l'on rendu
incurable[4]

1. L'*Enfant prodigue* est de 1736. — *Aimable* et *claire* ajouté.

2. Avec quelle sincère volupté le poète-philosophe parle de l'amour et
de la volupté ! Ces recherches, ces finesses ou même ces mignardises du
style n'enlèvent rien à la passion ; au contraire, elles la caractérisent à
merveille. Les philosophes, avant d'être des philosophes, étaient des « libertins ».

3. Ces fragments impersonnels d'une sorte de journal intime d'un poète
et d'un amant du dix-huitième siècle valent, en leur savoureuse franchise,
les déductions les plus complexes de l'*Esprit*.

4. Serait-ce une confession particulière ?

cher amant entrelassons nos bras et nos corps [1] l'un dans l'autre et mourrons ainsy

la nimphe rit en voiant sous elle son vainqueur [2]

le plaisir de la nature au renouvellement du printems les caresses des oiseaux nous conseille l'amour

l'amour luxurieux ne laisse point d'azile a la beauté

filons nos caresses et rendons nous heureux aussy longtems qu'il est possible

quand l'amour est lié par la double chaine de l'esprit et de la beauté l'amour ne peut plus s'envoler

les cœurs des coquettes sont des ruches d'amours nains qui ne grandissent jamais et qui dans un spectacle vont sur les raions qui par de leur yeux sur tous les cœurs les piquer et rapporter dans leur ruches la substançe dont ils nourissent [3] l'amour-propre

lorsque phisché consideroit a la lueur d'une lampe le beau corps de l'amour elle en fut trois plus amoureuse mais l'amour s'eveille et s'enfuit jamais l'amant n'est plus pres de s'envoler que quand on l'aime le plus

les afriquains se reconnaissent a la noirceur de leur teints et les amants ont dans les yeux et dans le sons de voix un signe qui les fait reconnoitre ainsy des gens d'esprit

et penchant en bas le flambeau de l'amour pour l'eteindre je ne fis que l'allumer

les filets de l'amour sont tendus dans tout l'univers cependant ne s'y prend pas encor qui veut

vivons pour aimer dans le transport de l'amour nous oublirons qu'il est des malheur que la jalousie d'un mari [4] envir-

1. *et nos corps* ajouté.

2. Les préoccupations littéraires s'associent fréquemment aux réflexions sur l'amour.

3. *Composent* barré.

4. *D'un mari* ajouté.

ronne notre lit de ses noirs serpents dans tes bras dans les miens nous ne verrons que les plaisirs

les membres entrelassés l'ame sur leur bouche l'amant dans le transport de l'amour s'ecrioit oui toy dans je suis qui m'enivre de plaisirs je veux mourir le jour que je cesseray de jouir de toy le vray trone est ton lit[1]. Oui luy repondoit sa maitresse en baisant ses yeux tout brillant du plaisir et en rapprochant son corps je n'ay gouté qu'avec toy de veritables plaisirs

chaque baiser que je te donne renouvelle en moy le desir de t'en donner un autre[2]

tirannie elle immola valerius et popea chevalier et fit des crimes a ces romains de leur songes pour avoir vu claudius avec une courronne d'epics tournée[3] a rebour

laurore de la tirannie n'annonçe jamais[4] les meurtres

Loy cincia defendoit chez les romains aux avocats de recevoir aucun don ni paiement

Loix il est reellement ridicule qu'on etablisse dans un pais une si grande multitude de loix que les citoiens ne les puissent sçavoir il y a t'il une plus grande preuve de l'imbecillité des legislateurs

Poete. jeune c'est encor des raisins cachés dans les feuilles qui ne paroissent pas encor beaucoup mais qui bientost muris feront le nectar dont s'enivreront les Dieux

les poete sont comme les Dieux qui vivoient de la fumée de l'encens et comme les ouvrages des immortels leur ouvrage ne craint point la faux du tems

quoique le vin soit encor contenu dans la grappe les vignerons estime sa bonté ainsy le genie estime le genie d'avançe

---

1. *Le vray trone est ton lit* ajouté, dans la marge.

2. C'est une simple impression amoureuse, et non la douleur, le désespoir de l'inassouvissement.

3. *Renversée* barré.

4. *ce qu'elle* barré.

plus on avançe plus on trouve l'art difficille c'est un homme qui plus il approche d'une montagne plus il la trouve haute[1]

il faut que tout soit lié dans un ouvrage comme la chaine des flots de la mer les transition[2] font le meme effet que la baze des vagues

il y a beaucoup de gens qui connoissent les regles de la poesie il y en a peu qui les sentent assez bien pour les pratiquer et selon que l'on les sent mieux on les pratique

en poesie tout ce qui n'est pas reflection vives doit etre peintures[3] C'est ce qui fait le feu

il y a peu de gens qui ait le droit de s'abbaisser comme voltaire[4] ou en louant les autres ce ne soit pas basse flatterie et les envieux ont tort de luy reprocher ils louroient aussy s'ils avoient assez de merite pour que leur louanges portassent coups

tibere ecrivoit a horaçe Septimus notre ami commun vous dira comme je pense de vous

un des grands principes en poesie c'est l'harmonie pour ainsy dire des couleurs dans les descriptions et les comparaisons pour qu'il n'y ait point de dureté dans le tableau il faut que l'on passe d'une teinte a l'autre insensiblement ainsy il faut qu'un objet meme affreux quand il est peint dans un lieu agreable tienne dans son horreur de quelque chose

1. Trait au crayon dans la marge.

2. Les digressions sont nombreuses et les transitions souvent lourdes dans les ouvrages d'Helvetius acharné à ramener sans cesse les idées les unes aux autres et qui les retrouve sans cesse sur son chemin, — sous des formes différentes, il est vrai.

3. Les peintures alternent avec les réflexions dans l'*Esprit* et dans l'*Homme.*

4. Voltaire envoyait des lettres et des vers au fermier-général; il lui soumettait ses œuvres, lui adressait toute sorte de conseils (V. outre la *Correspondance,* les *Conseils sur le choix d'une épitre*) et d'encouragements flatteurs.

d'agreable et vicissim. (voiez dans catule les noces de thetis page 146 le portrait des parques) c'est la ce qui fait le moelleux et ote le sec

En poesie il ne faut pas animer sans necessité ou que cela apporte beauté ainsy on ne gagne rien a mettre un ange dans le soleil etc [1]

un homme qui connoitroit parfaitement les regles de la poesie seroit poete parfait et il sera toujours poete (a moins que la paresse ne le gagne) dans la meme proportion qu'il est connoisseur. Prenons pour exemple qu'il faille preferer des verbes de mouvement a ceux de repos en poesie parce que ce mouvement occuppe l'esprit. celuy qui scait cette regle ne pourra dit on l'executer. *transeat* mais il n'a qu'a lire dans les verbes de mouvements dans sa lengue comme on luy refuse seulement la faculté de trouver ce verbe et non celle de le saisir quand on lui montrera il est evident qu'il le trouvera dans la table des verbes ainsy qu'il le mettra. Cet exemple peut s'apliquer a toutes les autres regles de la poesie egalement. de plus prouvé par les exemples

il faut en poesie vivifier chaque vers et oter tout ce qui ne fait pas beauté [2] *virtute carentia tollet*

dans nos sens sont les matrices de nos idées [3]

Venus. La sagesse et l'austerité aux sourcils refrognés furent amené devant venus ils ne voulurent pas d'abord l'adorer mais lorsque la Deesse se fit deshabillé devant elle par les plaisirs et les graces et qu'ils la trouverent si belle ils se jetterent a ses genoux et l'adorerent (en voiant plus en detail ce qu'on haissoit.

D'abord on l'aime

---

1. Les poëtes du dix-huitième siècle animaient souvent sans nécessité, mais, en revanche, que de finesses, de grâces et de langueurs, parfois !

2. La question est de savoir ce qui fait la beauté. Cela dépend de l'esthétique plus ou moins consciente du poète.

3. Helvetius part, incontestablement, de Locke.

aux spectacles les amours sont a l'afut des belles c'est la ou il les prend presque tout et que son trait vole dans un regard

Venus n'exige de nous d'autre culte que nos plaisirs nous l'honorons dans les bras de nos maitresses nos soupirs sont les prieres et nos autels sont les corps et nos fetes les combats amoureux faits en son honneur

les nimphes[1] fuient devant leur amant comme une biche qui ignorant les plaisirs de l'amour ne connoissant encor que ceux de la gaieté et de la course vagabonde fuit en bondissant[1] et avec fierté[2] le cerf amoureux qui quitte pour elle les tendres bourgeons

heureux qui peut au levé de l'aurore a la clarté de ses premiers raions contempler les beautés d'une epouze qui a de la pudeur a les montrer et que l'amour seul rend libertine

a la vue de venus le feu de l'amour se glisse dans les veines les yeux se mouillent les esprits quittent tous la superficie du visage y loisse la paleur se retirent au cœur on devient immobile parce que tous les sens sont emploiés au plaisir

la vertu sont les seuls dieux que je veux honorer

le jour les nimphes honoroient les Dieux la nuit les Dieux sacrifioient aux nimphes

Comparaison. Comme le soleil qui eclaire et n'etend un voile d'or que sur un coté de la montagne etc et laisse l'autre d'un verd noir

les nimphes de Diane couroient dans de grands arbres qui entrelassant leur tetes vertes faisoient un dais verts a travers lequelles feuilles passoient des raions qui y jettoient des jours singuliers[3]

les rides sillonnés sur l'ecorce des chenes

---

1. V. le *Bonheur*, ch. 1.
2. *Et avec fierté* ajouté.
3. Ce sont d'intéressantes notations de peintre.

sciences ce qu'il y a de malheureux et ce qui fera tomber les sciences c'est que celles qui sont utiles a la societe ne sont pas les plus difficiles et qu'un homme d'esprit ne peut etre flatté que de cela et non le ministre a moins qu'il n'ait assez d'esprit[1] pour sçavoir le merite de la difficulté

Les Dieux ne sont Dieux qu'entre les bras de ce qu'ils aiment

Depuis que le poison de l'amour circule dans mes veines mes sens ne peuvent plus faire d'autres fonctions que celles du culte de l'amour

Couvre d'une couronne de fleurs ta tete et d'un voile bleu ton corps delicat d'albatre et ton sein qui le souleve par le doux mouvement de la respiration

le grand Dieu est celuy des plaisirs

la pudeur et les pleur sur le visage [sur] la volupté dans l'ame les filles veulent sçavoir les misteres de venus

l'austere vertu te fait un crime de ta beauté l'amour en fait ses delices l'amour t'admire la vertu te mepriseroit

l'amour refuse les baisers qu'il veut qu'on luy ravisse

venus regarde d'un œil favorable ceux qui sont toujours prets aux combats amoureux

c'est aux jeux consacrés a l'amour que les humains[3] doivent leur existences

pourquoy poursuivre ton amante avec tant d'opiniatreté

la fleur que l'on cueille est prete a se faner

venus sortit de l'onde et le plaisir sortit des larmes tendres que repandit venus en se defendant le jour que son premier amant la dépouilla de sa virginité[4]

---

1. *De mérite* barré, remplacé par d'*esprit*.

2. *Vray* barré, remplacé par *grand*.

3. Les *humains* au lieu de l'*univers* barré. — Sortant de la mythologie et de la poésie amoureuse, sincere ou conventionnelle, Helvetius montrera la puissante influence de l'amour sur nos actions.

4. Dans la marge, devant la plupart de ces notes relatives à l'amour se trouve une croix à l'encre.

sainte venus par les plaisirs que tu a gouté avec adonis écoute
ma priere

quel tronc ou quel tresor vaut un de tes baisers [1]

les debris, les trophées, les captifs indiens de peau brulee
par le soleil [2], les chaines, les peuples gemissants valent ils les
faveurs les baisers les transports l'amour

le vray palais est celuy du plaisir le vray roy est l'heureux
le vray trone est le lit de sa maitresse

Oreste entouré de furie vaut il un simple berger au bras de
sa maitresse preferois je le sort d'un heros entouré de mort
sur un coursier fougeux dont les armes brillantes sont tachées
de sang au berger qui badine avec sa bergere nue sur les fleurs
et les douces luttes de l'amour aux combats nerveux et cruels
de Mars

que les trompettes annoncent la gloire aux heros et le bruit
des baisers les plaisirs aux amants

j'aime mieux mourir dans les bras de ce que j'aime qu'a la
vue de l'univers sur un champ de bataille au milieu des soldats

un amant est une chose sacré

venus m'abandonne je demeure sans vigueur

Mars et venus sont ensemble je vois d'un coté les trophees
des armes du dieu et de l'autre le voile couleur de rose de la
deesse

l'amour enseigne a tout souffrir

pour toy seul je suis belle a toy seul je veux plaire

les sentiments et les transports [3] d'amour mis dans la bouche d'une femme font plus d'effet (Reflection bonne pour un
Poeme Epique

l'amour a mis mon amant a mes pieds et mes plaisirs l'ont
mis sur mon sein

---

1. Encore un joli vers d'amour.
2. *Indiens de peau brulee par le soleil* ajouté.
3. *Et les transports* ajouté.

on ne vit que le tems qu'on aime
qui prend tous les plaisirs en prend encor bien peu [1]

Anciens. Les grecs et les romains sacrifioient a la canicule une chienne rousse

Anciens c'etoit une coutume chez les romains quand le peuple [2] joignoit les pouces c'etoit pour que le gladiateur vainqueur fit grace au vaincu mais s'ils les joignoient c'etoit un signe de haine. Prudençe dit que les Vestales disoient quand le vainqueur plongeoit le fer dans la gorge du vaincu [disoient] que c'etoit leur delices

Page 496 tome 7 d'horaçes façon des Anciens pour chasser les revenants

dans Aricie [3] dans le temple consacré a Diane ou Oreste apporta la Diane taurique il ne pouvoit y avoir qu'un fugitif pour pretre et il falloit que ce fugitif tuat de sa main le pretre dont il vouloit avoir la plaçe et qui pour cette raison avoit toujours l'épée a la main pour se défendre car il s'attendoit d'etre attaqué a tous moments

fanatiques vient du mot de famem c'etoit autrefois les pretres de bellonne qui faisoient des contorsions horribles

Poesie. Strabon disoit qu'il n'y avoit que le sage qui put etre poete les grecs faisoient apprendre des vers a leur enfans pour leur apprendre la sagesse et la modestie. Orphée leur enseigna
les sacrifices et a fuir les meurtres Musée a guerir les maladies et a consulter des Oracles hesiode leur a montré a cultiver la terre et leur a marqué le tems des semences et des moissons homere des choses necessaire pour armer les peuples ranger les armées et etre vaillants

---

1. Quelle grâce et quelle douce mélancolie dans ces simples aveux passionnés !

2. *On* barré, remplacé par *le peuple*.

3. *La scithie* barré.

tirtée recita des vers qu'il avoit fait a la tete de son armée qui avoit été repoussé et ces vers enflammerent si fort le courage des lacedemoniens que sans craindre la mort ils attaquerent les messesniens et les defirent

la beauté ne vient point de la quantité d'images mais que chaque image soit noble vaste et bien desinné en chargeant trop une image souvent on la gate il faut que l'image s'imagine aisement que les principaux accident soient détaillés mais qu'on ne la charge point de trop[1]

on amoindrit une image en la voulant rendre trop grande. il faut toujours prendre les plus beaux effets de la nature mais cependant tels qu'ils sont dans la nature[2]

Poeme epique de l'amerique[3] la renomée qui vole sur une montagne pour avertir des biens ou des meaux les sauvages

les comparaisons refroidissent presque toujours il vaut mieux avoir des descriptions dans un poeme epique[4]

un corail bleu nommé acory. voir le 2de [tomme] de sethos en faire un palais

et les loix aux enfers ont des sœurs qui les vengent

un moien sur en Poesie pour sçavoir si l'on ne se trompe pas sur sa pieçe c'est de comparer ce qu'on dit avec ce qu'on veut dire et c'est pour cela qu'horaçe conseille de laisser reposer son ouvrage longtems

non seulement dans la poesie il faut vivifier par du feu chaque vers mais encor le canevas d'une pieçe

---

1. L'auteur des *Notes* est surtout préoccupé d'amour, de science historique et psychologique, et aussi d'art littéraire, du métier même de l'écrivain.

2. Les philosophes du XVIIIe siècle étaient soucieux, avant tout, de ne pas s'éloigner de la nature, du réel.

3. *De l'amerique* ajouté.

4. Le *Bonheur* d'Helvetius est, en somme, un poème épique, bien qu'il apparaisse surtout comme allégorique et philosophique.

Description du couché du soleil [1]. Le ciel est a l'horizon couvert d'un voile de pourpre le milieu du ciel d'un voile d'argent et la nuit [et la nuit] monte de l'autre coté de l'horison et deplie des voiles brun

le soleil en se couchant laisse toute la campagne brune et a l'opposite il y a une ville sur un mont contre lequel il darde ses raions et elle paroit une ville d'or [2]

la cascade du gange

les petits ruisseaux comme des serpents dont la peau est d'argent qui a replis tortueux rampent dans les campagnes

idée ou sujets de lettres philosophiques [3]

dans ma lettre sur les athees bon au Rois mettre que les seules religions peuvent ordonner et faire commettre comme elles l'ont fait le meurtre d'un Roy puisqu'elle encourage les hommes et les fait sagement mepriser une mort temporelle en les menaçant d'une mort eternelle

id

c'est une maxime bien dangereuse et qui a causé bien des guerres que la puissançe Roial ne s'etende que sur les choses qui regardent la tranquillité publique et les commodités de la vie et de donner la puissançe a un autre pour celles qui regardent le salut

c'est encor une maxime bien dangereuse pour un Roy que la sainteté et la foy ne puisse etre acquises par l'etude et le raisonnement mais qu'elles sont toujours infuses et inspirées d'une façon surnaturelle. en ce cas pourquoy nous faire rendre raison de notre foy. Car moiennant cela chacun se croit pro-

---

1. *Levé de l'aurore elle parail* barré. — Ce sont des exercices littéraires autant que des impressions.

2. Helvetius a un grand sens du coloris éclatant, de la somptuosité.

3. Voltaire parle des lettres métaphysiques de son cher ami (*Helvetius*, t. XIII, p. 108). Il ne semble pas qu'Helvetius ait écrit à proprement parler de « Lettres Philosophiques ». Mais on peut dire qu'Helvetius réalisera ce projet dans l'*Esprit*.

phete et pourquoy chacun ne jugera t il pas de ce qu'il a a faire par sa propre inspiration que par les lois de ceux qui gouvernent cette maxime va a la destruction [1] de la societé

1. *Replonge dans* barré. On lit dans la marge de cette note et de la précédente : hobbes. Quoique les conclusions politiques de l'*Esprit* et de l'*Homme* soient très différentes de celles du *de Cive* ou du *Léviathan*, il faut rappeler que Hobbes, psychologue et moraliste politique, est parti du sensualisme, du nominalisme, du nécessitarisme. Dans sa théorie des passions, il a donné une place importance à l'égoïsme transformé, à cette volonté du pouvoir que le théoricien de l'*Esprit* a fortement mise en lumière et dont Nietzche se servira à son tour en ses mystérieuses prédications.